幼《よう》少《しょう》期《き》の真《まこと》のお父《とう》様《さま》

ために生《い》きる生涯路程《しょうがいろてい》

若《わか》き日《ひ》の真《まこと》のお父様《とうさま》
（文鮮明《ムンソンミョン》先生《せんせい》）

はじめに

今日《こんにち》、私《わたし》たちは、神《かみ》の子《こ》として創造《そうぞう》された人間《にんげん》が、神様《かみさま》の無限《むげん》の愛《あい》と知恵《ちえ》と能力《のうりょく》を相続《そうぞく》できる立場《たちば》にいることが、どれほど素晴《すば》らしいことかを実感《じっかん》できる時代《じだい》を迎《むか》えています。

なぜならば、第《だい》三のアダムとして誕生《たんじょう》された再臨《さいりん》のメシヤ・真《まこと》の父母《ふぼ》・万王《ばんおう》の王《おう》として立《た》たれている真《まこと》の父母様《ふぼさま》に侍《はべ》ることができるからということです。

真《まこと》の父母様《ふぼさま》は、今《いま》や神様《かみさま》のお姿《すがた》をもって私《わたし》たちの前《まえ》に一〇〇パーセント顕現《けんげん》しておられます。

そしてそのことは、既《すで》に、幼少期《ようしょうき》から、神様《かみさま》の性稟《せいひん》をいかんなく発揮《はっき》しておられたことを知《し》ることができます。

本書《ほんしょ》はそのようなお姿《すがた》を、『真《まこと》の御父母様《ごふぼさま》の生涯路程《しょうがいろてい》』の記述《きじゅつ》から引用《いんよう》し、分《わ》かりやすく、写真《しゃしん》とイラストでまとめたものです。

この書《しょ》を通《とお》して、神《かみ》の子《こ》としてつくられた、本然《ほんぜん》の人間《にんげん》の素晴《すば》らしさを感《かん》じ取《と》り、神《かみ》の子《こ》に与《あた》えられた天性《てんせい》を大《おお》きく開花《かいか》する力《ちから》となれば、何《なに》よりの幸《さいわ》いです。

二〇〇九年《ねん》十月《がつ》十四日《よっか》
心情文化研究所所長《しんじょうぶんかけんきゅうじょしょちょう》　座間保裕《ざまやすひろ》

幼少期《ようしょうき》の真《まこと》のお父様《とうさま》　ための生《い》きる生涯路程《しょうがいろてい》【目次《もくじ》】

第《だい》一章《しょう》　再臨《さいりん》のメシヤ誕生《たんじょう》の背景《はいけい》

第《だい》二章《しょう》　天才的直感力《てんさいてきちょっかんりょく》を持《も》つ真《まこと》のお父様《とうさま》

第三章《だいしょう》 大自然《だいしぜん》と共鳴《きょうめい》する

第四章《だいしょう》 正《ただ》しいことを正々堂々《せいせいどうどう》と行《おこな》う

第《だい》六章《しょう》　最後《さいご》までやり抜《ぬ》く根性《こんじょう》

※イラストは、エピソードのイメージ画《が》です

第《だい》一章《しょう》

再臨《さいりん》のメシヤ誕生《たんじょう》の背景《はいけい》

1 再臨《さいりん》のメシヤ誕生《たんじょう》の地《ち》、定州《チョンジュ》

全生涯《ぜんしょうがい》を通《とお》してために生《い》きる人生《じんせい》を貫《つらぬ》いて歩《あゆ》んでこられた、真《まこと》のお父様《とうさま》の生涯路程《しょうがいろてい》から、より大《おお》きな善《ぜん》のために生《い》きるとは、具体的《ぐたいてき》にどういうことなのかを紹介《しょうかい》していきます。

まず、本郷《ほんきょう》の地《ち》・定州《チョンジュ》についてお話《はな》しします。

本来《ほんらい》、神様《かみさま》が人類《じんるい》に許《ゆる》した故郷《こきょう》は、一箇所《かしょ》であり、そこが、アダムの家庭《かてい》の住《す》む所《ところ》でした。

しかし、アダム・エバの堕落《だらく》により、サタンが支配《しはい》する世界《せかい》になってしまったために、善《ぜん》なる人々《ひとびと》の住《す》む所《ところ》がなくなり、ユダヤ教《きょう》、キリスト教《きょう》の人々《ひとびと》が放浪者《ほうろうしゃ》、失郷者《しっきょうしゃ》（故郷《こきょう》を失《うしな》い、異郷《いきょう》で暮《く》

真《まこと》のお父様《とうさま》（再臨《さいりん》のメシヤ）の誕生《たんじょう》の地《ち》、平安北道《ピョンアンブクト》・定州《チョンジュ》

らす人々《ひとびと》）になってしまったのです。

したがって、神様《かみさま》の恨《ハン》、イエス様《さま》の恨《ハン》は、本郷《ほんきょう》の地《ち》を探《さが》すことなのです。

したがって真《まこと》の父母《ふぼ》が生《う》まれる所《ところ》が、本然《ほんぜん》のエデンになり、人類《じんるい》の故郷《こきょう》になるのです。

真《まこと》のお父様《とうさま》が生《う》まれた所《ところ》が、摂理《せつり》から言《い》えば人類《じんるい》の本郷《ほんきょう》であり、神聖《しんせい》な地《ち》となるのです。

ここに本然《ほんぜん》の心情《しんじょう》を植《う》えることができるのです。

それが定州《チョンジュ》なのです。

2 他人《たにん》の世話《せわ》にならない人々《ひとびと》

真《まこと》のお父様《とうさま》の誕生《たんじょう》した所《ところ》は、今《いま》の北朝鮮《きたちょうせん》の平安北道《ピョンアンプクト》定州郡《チョンジュグン》徳彦面上思里《トゴンミョンサンサリ》という地《ち》です。

そこは避難民《ひなんみん》の村《むら》で、六百《ぴゃく》世帯《せたい》、約《やく》二千人《せんにん》が住《す》む所《ところ》で、貧《まず》しい生活《せいかつ》をしている人《ひと》もいました。

しかし、五山普通学校《オサンふつうがっこう》があったので知的水準《ちてきすいじゅん》は高《たか》かったのです。

彼《かれ》らは団結《だんけつ》して生活《せいかつ》していて、誰《だれ》か貧《まず》しい人《ひと》がいれば学資金《がくしきん》を準備《じゅんび》したり、米《こめ》をかますごと準備《じゅんび》して助《たす》けようとするのですが、「私《わたし》たちには必要《ひつよう》ありません。絶対《ぜったい》に他人《たにん》の助《たす》けを受《う》けずにやっていきます」と言《い》って受《う》け取《と》らない人《ひと》が多《おお》いのです。

真《まこと》のお父様《とうさま》の生家《せいか》

上思里《サンサリ》の田園風景《でんえんふうけい》

上思里《サンサリ》の村《むら》の人々《ひとびと》はお互《たが》いに進《すす》んで助《たす》け合《あ》いました

そのため米《こめ》のかますや学資金《がくしきん》が余《あま》ったのです。

「他人《たにん》の世話《せわ》にならない」という、この土地《とち》の人々《ひとびと》に「統一思想《とういつしそう》」さえ入《はい》れば、偉大《いだい》なる人々《ひとびと》になるに違《ちが》いなかったのです。

3 故郷《こきょう》を訪《たず》ねて行《い》く人《ひと》

真《まこと》のお父様《とうさま》は、今《いま》でも仁川《インチョン》空港《くうこう》や金浦《キムポ》空港《くうこう》に降《お》りるや否《いな》や、ソウルではなく、あの田舎《いなか》の平安北道《ピョンアンプクト》の定州《チョンジュ》の山《やま》と海辺《うみべ》にある家《いえ》を訪《たず》ねていこうとされます。

なぜならば、人《ひと》はどんなに遠《とお》くにいても、変《か》わらない心情的《しんじょうてき》、情緒的《じょうちょてき》な根本《こんぽん》から、離《はな》れられないようになっているからです。故郷《こきょう》に対《たい》して懐《なつ》かしく思《おも》ったり、心《こころ》が向《む》かうのは避《さ》けられないのです。故郷《こきょう》というのは、人生《じんせい》において重要《じゅうよう》な教育《きょういく》の材料《ざいりょう》を八〇パーセント以上《いじょう》供給《きょうきゅう》する所《ところ》なので、人間《にんげん》から故郷《こきょう》の因縁《いんねん》を切《き》ってしまうことはできないのです。

故郷《こきょう》の上思里《サンサリ》のあぜ道《みち》に立《た》たれる真《まこと》の父母様《ふぼさま》（1991年《ねん》12月5日《がついつか》）

それゆえに、真《まこと》のお父様《とうさま》に「どこへ行《い》く人《ひと》ですか」と尋《たず》ねるならば、「故郷《こきょう》を訪《たず》ねて行《い》く人《ひと》」だと答《こた》えられるのです。

そしてそれは偽《いつわ》りの故郷《こきょう》ではなく、真《まこと》の故郷《こきょう》なのです。

そこには愛《あい》の王宮《おうきゅう》があり、永遠《えいえん》に安息《あんそく》して暮《く》らすことができる本当《ほんとう》の故郷《こきょう》なのです。

そして、神《かみ》の子《こ》である真《まこと》のお父様《とうさま》が生《う》まれた定州《チョンジュ》は、聖地中《せいちちゅう》の聖地《せいち》になるのです。

4 花郎道思想《ファランドしそう》を生《う》み出《だ》した、南平文氏《ナムピョンムンし》

真《まこと》のお父様《とうさま》の根本先祖《こんぽんせんぞ》は、全羅南道羅州郡南平文氏《チョルラナムドナジュグンナムピョンムンし》です。新羅時代《シルラじだい》の慈悲王《じひおう》が、啓示《けいじ》によって「この国《くに》に特別《とくべつ》な赤《あか》ん坊《ぼう》が生《う》まれたので探《さが》せ」という命《めい》を受《う》け、南平《ナムピョン》にある文巌《ムナム》という岩《いわ》の下《した》で泣《な》いている赤《あか》ん坊《ぼう》を探《さが》し出《だ》して、そこから出発《しゅっぱつ》したと言《い》われています。

そして、花郎道思想《ファランドしそう》を生《う》み出《だ》したのは誰《だれ》かというと、文氏《ムンし》なのです。花郎道《ファランド》とは、儒教《じゅきょう》・仏教《ぶっきょう》・仙教《せんきょう》の三教《きょう》、知《ち》・仁《じん》・勇《ゆう》の三徳《とく》の精神《せいしん》を学《まな》び、

「〔不殺生戒《ふせっしょうかい》〕殺《ころ》してはいけない

【真《まこと》のお父様《とうさま》の家系《かけい》】

- 文成學（문성학）配・밀양朴氏
  - 禎浩（정호）
  - 禎機（정기）
  - 禎紘（정흘）（호・善玉）配・延安金氏
    - 致國（치국）配・安義林氏
      - 慶裕（경유）一名・達模（달모）配・金慶繼（김경계、延安金氏）
        - 大きいお姉さん
        - 小さいお姉さん
        - 龍壽（용수）配・지치숙
        - 孝淳（女・효순－어른네）
        - 龍明（용명、後名－鮮明）
        - 孝心（女・효심－신통네）
        - 孝壽（女・효수）
        - 孝善（女・효선）
        - 龍浩（女・용호）
        - 龍官（용관）
        - その他の兄弟3人（未詳）
      - 慶福（경복）一名・憲模（헌모）配・金慶基（김경기、安東金氏）
        - 龍善（용선）
        - 龍基（용기）
        - 龍賢（용현）
      - 慶球（경구）一名・鎮模（진모）配・신천康氏
        - 龍煥（용환）
        - 龍錫（용석）
    - 信國（신국）早死・28歳 配・密陽朴氏
      - 慶天（경천）一名・天模（천모）－長老 配・延安金氏
        - 恩均（은균）
        - 昇龍（승룡）
        - 成均（성균）
        - 道均（도균）
        - 明均（명균）
      - 慶勳（경훈）一名・勳模（훈모）
        - 益均（익균）
      - 慶翼（경익）一名・翼模（익모）－遺腹の子
        - 昌均（창균）
        - 元均（원균）
        - 龍均（용균）
    - 潤國（윤국）（牧師）配・全州李氏
      - 慶運（경운）一名・運模（운모）
      - 慶浩（경호）一名・鳳模（봉모）
      - 慶鳳（경봉）

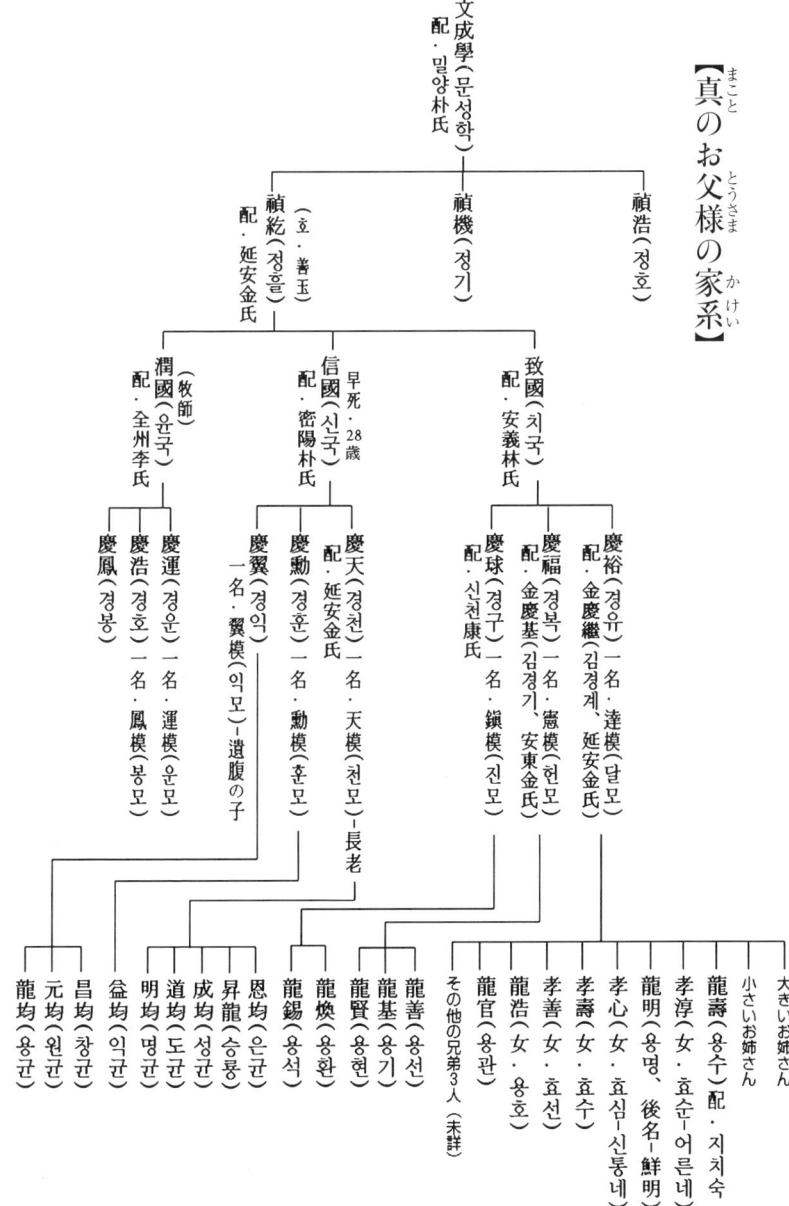

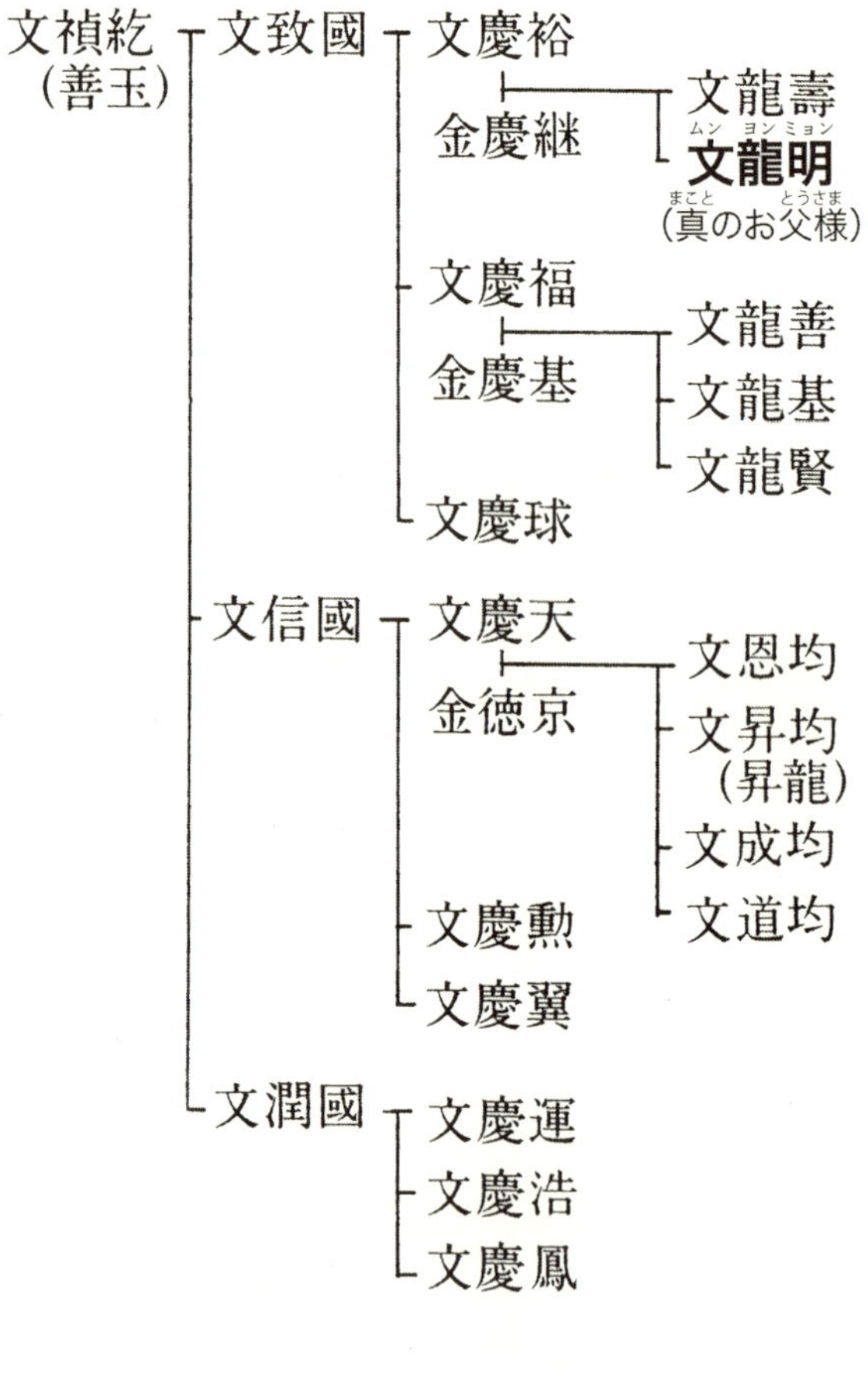

真《まこと》のお父《とう》様《さま》の家族《かぞく》と親族《しんぞく》（一部略）

〔不偸盗戒《ふちゅうとうかい》〕盗《ぬす》んではいけない
〔不邪淫戒《ふじゃいんかい》〕不倫《ふりん》をしてはいけない
〔不妄語戒《ふもうごかい》〕うそをついてはいけない
〔不飲酒戒《ふいんしゅかい》〕酒《さけ》を飲《の》んではいけない」の五戒《かい》を信条《しんじょう》とする花郎《ファラン》の道理《どうり》で、高《たか》い精神性《せいしんせい》を持《も》った新羅《シルラ》時代《じだい》の文化《ぶんか》をいいます。

それゆえに、李朝《イちょう》時代《じだい》には「文氏宗族《ムンしそうぞく》は、絶対《ぜったい》に奴婢《ぬひ》（奴隷《どれい》）として使《つか》うな」という勅令《ちょくれい》が下《くだ》されたといいます。

このように文氏《ムンし》は賢《かしこ》かったので、組織《そしき》の重要機関《じゅうようきかん》にみな入《はい》っていたのです。文氏《ムンし》は、血統的《けっとうてき》に本当《ほんとう》に頭《あたま》が良《よ》かったのです。

また、文氏《ムンし》は両班《ヤンバン》でしたが、李朝《イちょう》時代《じだい》にはあえて官職《かんしょく》につかずに、科挙試験《かきょしけん》もあえて受《う》けなかったのです。

5 腹《はら》が減《へ》った人《ひと》を絶対《ぜったい》に手《て》ぶらで帰《かえ》すな

真《まこと》のお父様《とうさま》の家《いえ》に代々《だいだい》伝《つた》わる伝統《でんとう》は、「腹《はら》が減《へ》った人《ひと》を絶対《ぜったい》に手《て》ぶらで帰《かえ》すな」というものでした。

日帝時代《にっていじだい》（一九〇五～一九四五年《ねん》）には、韓国《かんこく》の多《おお》くの人々《ひとびと》が満州《まんしゅう》（中国《ちゅうごく》）に避難《ひなん》して行《い》きましたが、真《まこと》のお父様《とうさま》の家《いえ》はその道《みち》筋《すじ》にありました。

多《おお》くの人《ひと》がおなかをすかせて訪《たず》ねてくるので、お母《かあ》さん（金《キム》慶継氏《ギョンゲエし》）は多《おお》いときは三十～四十人《にん》に御飯《ごはん》を食《た》べさせていたのです。一生《いっしょう》そのようにしながら、一切不平《いっさいふへい》を言《い》わなかったのです。

穀物《こくもつ》を臼《うす》でひく小屋《こや》には乞食《こじき》が住《す》みついてしまったので、真《まこと》の

金慶継忠母様《キムギョンゲェチュンモさま》
（1888年《ねん》陰暦《いんれき》10月《がつ》15日《にち》～1968年《ねん》1月《がつ》7日《なのか》）
〈真《まこと》のお父様《とうさま》のお母《かあ》さん〉

お父様《とうさま》は乞食《こじき》とも親《した》しくなりました。乞食《こじき》が来《き》て、お母《かあ》さんとお嫁《よめ》さんが食事《しょくじ》を出《だ》す準備《じゅんび》をしていないと、お祖父《じい》さんは自分《じぶん》の食膳《しょくぜん》を持《も》って乞食《こじき》に食《た》べさせていました。

自分《じぶん》は食《た》べられなくても、乞食《こじき》に与《あた》えたのです。

このような家《いえ》に育《そだ》った真《まこと》のお父様《とうさま》は、御飯《ごはん》を食《た》べている時《とき》、食《た》べていない人《ひと》がいれば、自分《じぶん》のスプーンが止《と》まるのです。

今日《こんにち》まで多《おお》くの人《ひと》に数万着《すうまんちゃく》の服《ふく》を買《か》ってあげたりしているのです。

それが真《まこと》のお父様《とうさま》の家《いえ》の伝統《でんとう》であり、真《まこと》のお父様《とうさま》の心《こころ》なのです。

6 特別《とくべつ》な能力《のうりょく》のある家系《かけい》

真《まこと》のお父様《とうさま》が、人類《じんるい》の救世主《きゅうせいしゅ》、再臨《さいりん》のメシヤとして誕生《たんじょう》する背景《はいけい》には、神様《かみさま》が血統《けっとう》を通《とお》して導《みちび》いてこられたことがよく分《わ》かります。心情面《しんじょうめん》では、人類《じんるい》の親《おや》になるにふさわしい家系《かけい》の伝統《でんとう》がありました。

また、才能《さいのう》の面《めん》においても、特別《とくべつ》な能力《のうりょく》がある文家《ムンけ》の家系《かけい》なのです。例《たと》えば、文致國《ムンチグク》お祖父《じい》さんは、学校《がっこう》も行《い》かず、書堂《ソダン》にも行《い》かなかったのに、『三国志《さんごくし》』を一度《いちど》誰《だれ》かが話《はな》してくれたならば、それをそのまままくり返《かえ》せる人《ひと》だったのです。

一度《いちど》聞《き》いたら、すべて理解《りかい》する能力《のうりょく》のある方《かた》だったのです。

文致國先生《ムンチグクせんせい》
（1870年《ねん》9月2日《がつふつか》～？）
〈真《まこと》のお父様《とうさま》のお祖父《じい》さん〉

文潤國《ムンユングク》牧師《ぼくし》
（1877年陰暦《ねんいんれき》1月《がつ》30日《にち》～1958年《ねん》1月《がつ》2日《ふつか》）
〈真《まこと》のお父様《とうさま》のお祖父《じい》さんの末《すえ》の弟《おとうと》〉

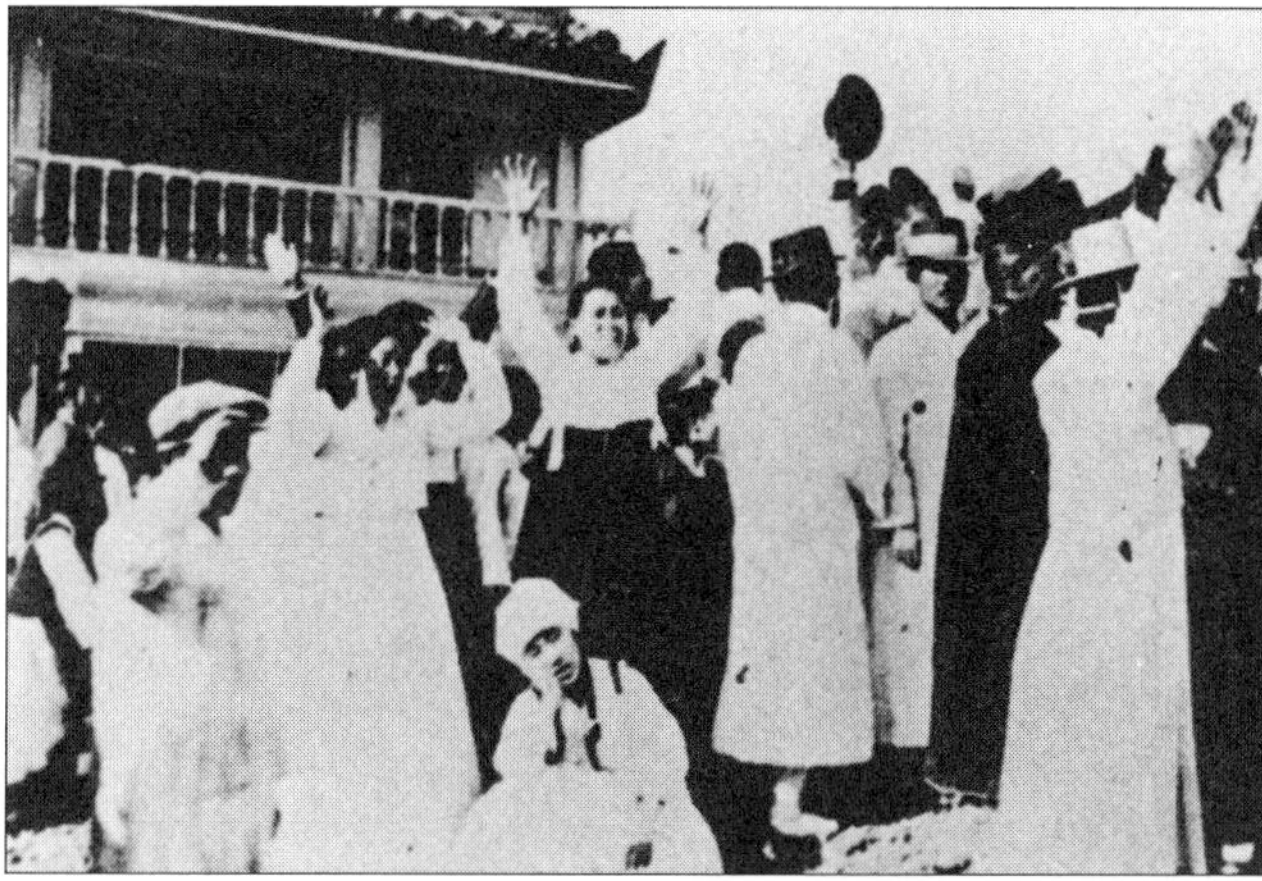

ソウル鍾路《チョンノ》に集《つど》い、独立《どくりつ》を求《もと》めて万歳《ばんざい》をする人々《ひとびと》
（1919年《ねん》3月《がつ》1日《ついたち》、独立運動《どくりつうんどう》）

「独立万歳《どくりつばんざい》」を叫《さけ》び、行進《こうしん》する女学生《じょがくせい》たち（同《どう》）

また、真《まこと》のお父様《とうさま》のお祖父《じい》さんの、末《すえ》の弟《おとうと》である文潤國氏《ムンユングクし》は牧師《ぼくし》でした。一九一九年《ねん》の三・一独立運動《どくりつうんどう》の平安北道《ピョンアンプクト》の総責任者《そうせきにんしゃ》として、独立運動《どくりつうんどう》のために親族《しんぞく》の全財産《ぜんざいさん》を売《う》り尽《つ》くしてしまったのです。

そのため真《まこと》のお父様《とうさま》の家《いえ》は一瞬《いっしゅん》にして破産《はさん》し、みんな苦労《くろう》するようになってしまいました。家門《かもん》を犠牲《ぎせい》にし、国《くに》のために一生《いっしょう》を捧《ささ》げた方《かた》なのです。

7 ために生《い》きる文氏《ムンし》一族《いちぞく》

「ために生《い》きる」という言葉《ことば》が生活《せいかつ》の中《なか》に、血統《けっとう》の中《なか》に息《いき》づいているのが文氏《ムンし》一族《いちぞく》です。

真《まこと》のお父様《とうさま》のお祖父《じい》さん(文致國《ムンチグク》)の弟《おとうと》の文潤國《ムンユングク》お祖父《じい》さんは、国《くに》のために、自分《じぶん》を犠牲《ぎせい》にし、親族《しんぞく》の財産《ざいさん》まで捧《ささ》げ切《き》ったのです。

真《まこと》のお父様《とうさま》のお父《とう》さん(文慶裕《ムンギョンユ》)は、とても善良《ぜんりょう》な人《ひと》でした。あまりにも人《ひと》が良《よ》すぎるくらいの人《ひと》でした。

真《まこと》のお父様《とうさま》のお兄《にい》さん(文龍壽《ムンヨンヒ》)は、信仰者《しんこうしゃ》で、真《まこと》のお父様《とうさま》のことを歴史的《れきしてき》な人物《じんぶつ》になると分《わ》かって、どんな難《むずか》しいことでも弟《おとうと》の言《い》うことに絶対従順《ぜったいじゅうじゅん》でした。

文龍壽《ムンヨンヒ》大兄《デーヒョン》様《さま》
（1915年陰暦《ねんいんれき》3月《がつ》5日《いつか》～？）
〈真《まこと》のお父様《とうさま》のお兄《にい》さん〉

このように神様《かみさま》は、真《まこと》のお父様《とうさま》を誕生《たんじょう》させるために、血統《けっとう》を通《とお》して準備《じゅんび》していたのです。

宇宙《うちゅう》の道理《どうり》は、より大《おお》きな善《ぜん》のために生《い》きる人《ひと》が、中心人物《ちゅうしんじんぶつ》になります。

したがって真《まこと》のお父様《とうさま》は、大韓民国《だいかんみんこく》ばかりでなく、世界《せかい》の中心《ちゅうしん》、歴史《れきし》の中心《ちゅうしん》になって、神様《かみさま》を中心《ちゅうしん》とした人類一家《じんるいいちか》族理想《ぞくりそう》を果《は》たす中心人物《ちゅうしんじんぶつ》になっているのです。

8 天《てん》が準備《じゅんび》した血統《けっとう》

真《まこと》のお父様《とうさま》のひいお祖父《じい》さん（文禎紇《ムンヂョンフル》）は、天《てん》から多《おお》くの財産《ざいさん》を祝福《しゅくふく》され、有名《ゆうめい》な家《いえ》になりました。

お父《とう》さん（文慶裕《ムンギョンユ》）は、法律《ほうりつ》がなくても生《い》きられる方《かた》でした。そして、どんなことがあっても約束《やくそく》を守《まも》る人《ひと》でした。四百《ひゃく》ページもある讃美歌《さんびか》をみな頭《あたま》に入《い》れてしまう能力《のうりょく》のある方《かた》でした。

お母《かあ》さん（金慶継《キムギョンゲェ》）は、機織《はたお》りのチャンピオンでした。普通《ふつう》の人《ひと》が織物《おりもの》をする五～六倍《ばい》の早《はや》さで織《お》ってしまうのです。このように真《まこと》のお父様《とうさま》の家系《かけい》は、人《ひと》のために生《い》きるのが当《あ》たり前《まえ》のみならず、普通《ふつう》の人々《ひとびと》より優《すぐ》れた能力《のうりょく》を持《も》つ方々《かたがた》だったのです。

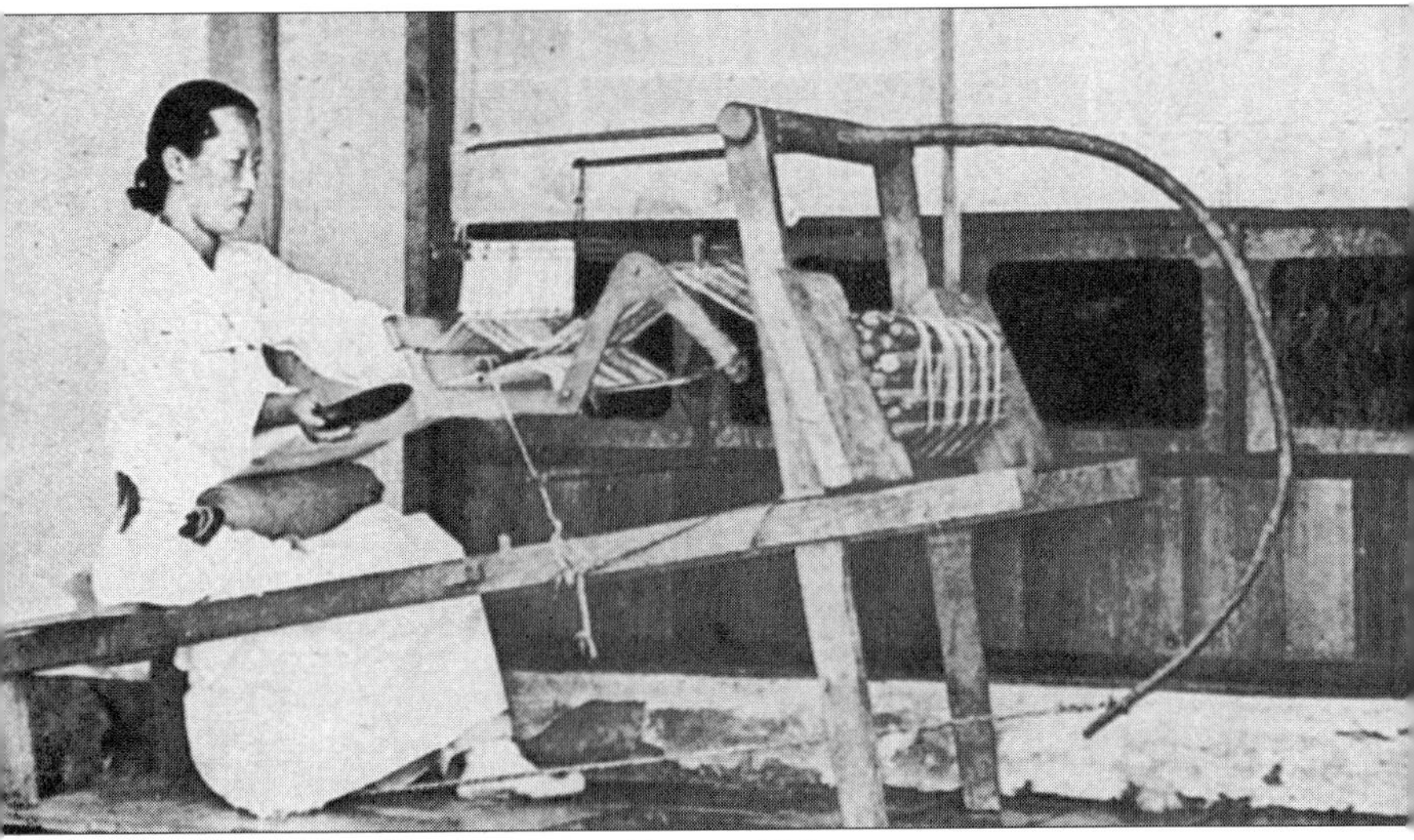

機《はた》を織《お》る婦人《ふじん》
真《まこと》のお父様《とうさま》のお母《かあ》さんは機織《はたお》りの名人《めいじん》だった

そのような血統《けっとう》の中《なか》に誕生《たんじょう》した真《まこと》のお父様《とうさま》は、体《からだ》つきも良《よ》く、力《ちから》も強《つよ》く、八十歳《さい》を超《こ》えてもびくともしないのです。また、お母《かあ》さんが女傑《じょけつ》で、お母《かあ》さん似《に》の真《まこと》のお父様《とうさま》は、性格《せいかく》が強《つよ》く、何事《なにごと》でも成《な》し遂《と》げる強《つよ》い意志力《いしりょく》があるのです。

9 真《まこと》のお父様《とうさま》の誕生《たんじょう》の背景《はいけい》

真《まこと》のお父様《とうさま》の誕生《たんじょう》は一九二〇年陰暦《ねんいんれき》一月六日《がつむいか》ですが、前年《ぜんねん》の一九一九年《ねん》三月一日《がつついたち》、日本《にっぽん》からの独立運動《どくりつうんどう》が起《お》きました。その時《とき》に十六歳《さい》の柳寛順《ユガンスン》が、国家《こっか》の独立《どくりつ》のために一身《いっしん》を犠牲《ぎせい》にしたのです。

独立運動《どくりつうんどう》がピークの時《とき》には、真《まこと》のお父様《とうさま》はお母《かあ》さんのおなかの中《なか》にいました。

堕落《だらく》したエバの罪《つみ》を蕩減《とうげん》するために、天《てん》の心情《しんじょう》をもって、この地《ち》の女性《じょせい》を代表《だいひょう》して、韓国《かんこく》の地《ち》を守《まも》りながら死《し》んでいったのが柳《ユ》寛順《ガンスン》なのです。

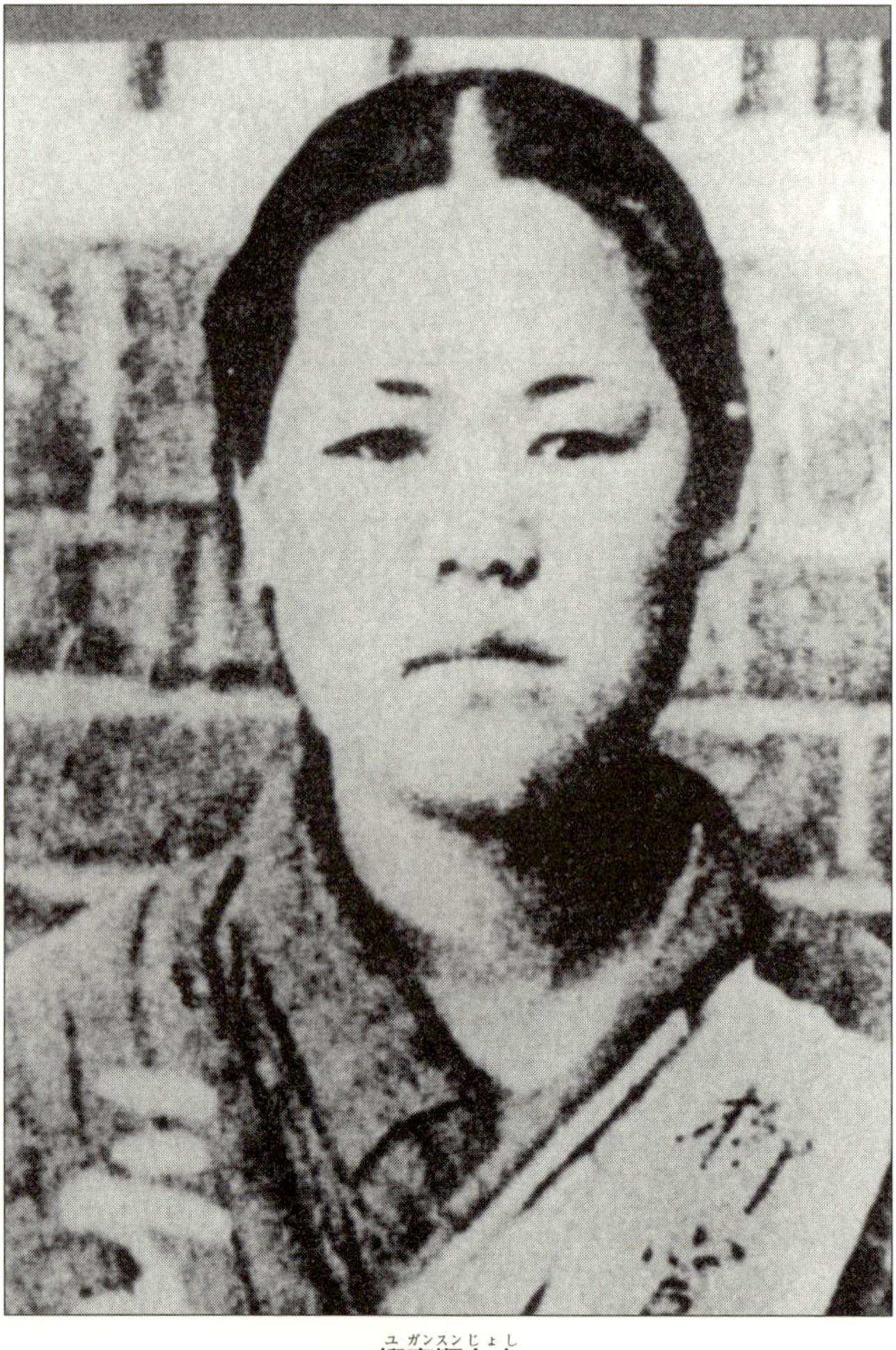

柳寛順《ユガンスン》女史《じょし》
独立運動《どくりつうんどう》の先頭《せんとう》に立《た》ち、韓国《かんこく》のジャンヌ・ダルクといわれた

このことは偶然《ぐうぜん》に起《お》こった事件《じけん》ではありませんでした。なぜならば、再臨主《さいりんしゅ》である真《まこと》のお父様《とうさま》の誕生《たんじょう》は、サタンに支配《しはい》されている中《なか》には誕生《たんじょう》できないからです。自分《じぶん》のためなら相手《あいて》を殺《ころ》すサタンの前《まえ》に完全《かんぜん》に立《た》ちはだかって、再臨主誕生《さいりんしゅたんじょう》の内的条件《ないてきじょうけん》を立《た》てたのが柳寛順《ユガンスン》なのです。

それだけでなく、真《まこと》のお父様《とうさま》のいとこから七親等《しんとう》まで、ありとあらゆる災難《さいなん》が振《ふ》りかかってきました。

このことも再臨主誕生《さいりんしゅたんじょう》のための蕩減《とうげん》だったのです。

10 特別《とくべつ》の天稟《てんぴん》を備《そな》えて生《う》まれた真《まこと》のお父様《とうさま》

骨相《こっそう》を見《み》ることのできる人《ひと》は、真《まこと》のお父様《とうさま》が一国《いっこく》の大統領《だいとうりょう》の相《そう》どころではないのが分《わ》かるのです。

生《う》まれた時《とき》は、目《め》が小《ち》さくて、お母《かあ》さんが目《め》がないといって見入《みい》ったほどでした。しかしこれは、未来《みらい》を見通《みとお》す力《ちから》があるということであり、宗教指導者《しゅうきょうしどうしゃ》の相《そう》なのです。

さらに、お母《かあ》さんが赤《あか》ちゃんの真《まこと》のお父様《とうさま》を背負《せお》っていると、あまりにも顔《かお》が良《よ》かったので、汽車《きしゃ》に乗《の》ると、人々《ひとびと》が顔《かお》をのぞきにきたり、抱《だ》きたがったといいます。

また病気《びょうき》で病院《びょういん》に連《つ》れられていっても、横《よこ》に座《すわ》った人《ひと》が、「こ

米国《べいこく》の女流画家《じょりゅうがか》が霊通《れいつう》して霊界《れいかい》で見《み》た弥勒仏《みろくぶつ》を描《えが》いた絵《え》は、真《まこと》のお父様《とうさま》にそっくりでした

のような器量《きりょう》の良《よ》い赤《あか》ん坊《ぼう》を一度《いちど》抱《だ》いてみたい。恵《めぐ》みを受《う》けて我《わ》が家《や》が良《よ》くなるはずだ」と言《い》ったそうです。

真《まこと》のお父様《とうさま》は、アジアでも西洋《せいよう》でも堂々《どうどう》と通《つう》ずる体格《たいかく》に生《う》まれたのです。

足《あし》も長《なが》く、美男子《びだんし》として成長《せいちょう》していかれたのです。

このように顔《かお》も体《からだ》も能力《のうりょく》も、正《まさ》に神様《かみさま》の最高《さいこう》の祝福《しゅくふく》を受《う》けて誕生《たんじょう》されたのです。

第《だい》二章《しょう》

天才的直感力《てんさいてきちょっかんりょく》を持《も》つ真《まこと》のお父様《とうさま》

⑪ 霊的能力《れいてきのうりょく》

真《まこと》のお父様《とうさま》は数《かぞ》えの十六歳《さい》（満《まん》十五歳《さい》）の時《とき》、「復活節《ふっかつせつ》」の朝《あさ》、涙《なみだ》ながらに深《ふか》い祈祷《きとう》をしている中《なか》で、霊通《れいつう》し、イエス・キリストから多《おお》くの啓示《けいじ》と教示《きょうじ》をたまわったのです。

それ以来《いらい》、霊的《れいてき》な世界《せかい》が、真《まこと》のお父様《とうさま》の前《まえ》に広《ひろ》がり、真《まこと》のお父様《とうさま》は自由《じゆう》に霊界《れいかい》にいる聖者《せいじゃ》たちと思《おも》う存分《ぞんぶん》、通信《つうしん》できるようになったのです。

真《まこと》のお父様《とうさま》は何度《なんど》もイエス・キリストと直接対話《ちょくせつたいわ》をし、その時《とき》の真理《しんり》の内容《ないよう》が、今《いま》の「統一原理《とういつげんり》」の核心《かくしん》になりました。

それが啓示《けいじ》の始《はじ》まりで、その特別《とくべつ》な出会《であ》いからそのあとずっと、

One《ワン》 Family《ファミリー》
under《アンダー》 God《ゴッド》!
神様《かみさま》のもとの人類一家族《じんるいいちかぞく》

神様《かみさま》と交流《こうりゅう》し、イエス様《さま》を含《ふく》めた霊界《れいかい》のすべての聖賢《せいけん》たちと絶《た》えず対話《たいわ》をしてこられたのです。

その内容《ないよう》はあまりにも膨大《ぼうだい》なので、言葉《ことば》ではすべてを表現《ひょうげん》することができないと言《い》われます。

真《まこと》のお父様《とうさま》は霊界《れいかい》を知《し》るチャンピオンです。

もし神様《かみさま》と霊界《れいかい》を人間《にんげん》がはっきりと知《し》るならば、正《ただ》しい生《い》き方《かた》にならざるを得《え》ないのです。

12 天賦《てんぷ》の才《さい》の霊的直観力《れいてきちょっかんりょく》

真《まこと》のお父様《とうさま》は幼《おさな》い時《とき》から、霊的直観力《れいてきちょっかんりょく》がありました。

真《まこと》のお父様《とうさま》が「きょうは雨《あめ》が降《ふ》る」と言《い》うと、必《かなら》ず雨《あめ》が降《ふ》りました。また「一週間以内《しゅうかんいない》にこの村《むら》で人《ひと》が一人《ひとり》死《し》ぬ」「あの上《うえ》の村《むら》で、おばあさんが一人《ひとり》死《し》ぬだろう」と言《い》うと死《し》んだのです。

真《まこと》のお父様《とうさま》には、そのようなエピソードがいっぱいありました。幼《おさな》い時《とき》から既《すで》に、人《ひと》と違《ちが》っていたのです。

また、驚《おどろ》くべきことに、七歳《さい》の時《とき》から、村中《むらじゅう》の人々《ひとびと》の見合《みあ》いをしてあげるチャンピオンでした。二枚《まい》のお見合《みあ》い写真《しゃしん》を見《み》てあげて、「この人《ひと》と結婚《けっこん》すると悪《わる》い」と真《まこと》のお父様《とうさま》が言《い》ったのに、

結婚《けっこん》すると間違《まちが》いなくガラガラと壊《こわ》れてしまうのです。

人々《ひとびと》が写真《しゃしん》を持《も》ってくるのですが、その写真《しゃしん》を真《まこと》のお父様《とうさま》が投《な》げてしまうと、結婚《けっこん》はうまくいかず、もしそれでも結婚《けっこん》すると、相手《あいて》が急死《きゅうし》したりしたのです。

しかし写真《しゃしん》をそのままにすると、二人《ふたり》は幸《しあわ》せに結婚《けっこん》し、みな息子《むすこ》、娘《むすめ》を生《う》んで豊《ゆた》かに暮《く》らしたのです。

⑬ 精神統一《せいしんとういつ》のものすごさ

真《まこと》のお父様《とうさま》の鋭《するど》い直感力《ちょっかんりょく》は、八歳《さい》の時《とき》から九十歳《さい》の今《いま》に至《いた》るまで続《つづ》いています。

人《ひと》を見《み》る時《とき》、座《すわ》り方《かた》や笑《わら》い方《かた》、その人《ひと》のにおいで、みな分《わ》かるというのです。

例《たと》えば、「ああ、きょうは父《ちち》と母《はは》が間違《まちが》いなく出掛《でか》けるだろう！」と、学校《がっこう》から帰《かえ》る前《まえ》に分《わ》かったのです。父母《ふぼ》がどこに行《い》ってきたかとか、今《いま》けんかしているようだとか、みな分《わ》かったのです。

真《まこと》のお父様《とうさま》の姉《あね》が何《なに》をしているのかと思《おも》いながら、意識《いしき》を集中《しゅうちゅう》すると、すべて見《み》えるのです。精神統一《せいしんとういつ》すると、すべて見《み》え

じーっ
この人《ひと》の過《か》去《こ》考《かんが》え方《かた》
この人《ひと》の性格《せいかく》将来《しょうらい》
この人《ひと》の人生《じんせい》魂《たましい》

るというのです。
その仕組《しく》みについて、真《まこと》のお父様《とうさま》は次《つぎ》のように説明《せつめい》されていま
す。
「心《こころ》が集中《しゅうちゅう》する所《ところ》があるのです。その所《ところ》まで入《はい》っていかなけれ
ばなりません。そこで集中《しゅうちゅう》して、そこから元《もと》に戻《もど》る時《とき》には、鋭敏《えいびん》
になっているのです。
その時《とき》に雑念《ざつねん》を抱《いだ》かずに精神《せいしん》を集中《しゅうちゅう》すれば、すべてのことが通《つう》
じるのです」と教《おし》えてくださいました。
精神統一《せいしんとういつ》は、本当《ほんとう》にものすごいものです。

14 精誠《せいせい》

人《ひと》のために生《い》きる人《ひと》は、早《はや》く自分《じぶん》のことを終《お》える能力《のうりょく》を持《も》たなければなりません。そのために真《まこと》のお父様《とうさま》ご自身《じしん》もさまざまな訓練《くんれん》をされたのです。

学生時代《がくせいじだい》の真《まこと》のお父様《とうさま》は、勉強《べんきょう》のために精誠《せいせい》を尽《つ》くしました。どんなふうに勉強《べんきょう》したのかというと、今後《こんご》の世界《せかい》の発展《はってん》のため、人類《じんるい》のため、神様《かみさま》のため、全体《ぜんたい》のためを思《おも》って精誠《せいせい》を尽《つ》くしたのです。

その中《なか》で真《まこと》のお父様《とうさま》は、各分野《かくぶんや》の専門的《せんもんてき》な善《ぜん》なる霊《れい》が協助《きょうじょ》してくれる体験《たいけん》をたくさんしました。

その時《とき》の文章《ぶんしょう》は名文《めいぶん》になるし、その時《とき》の絵《え》は、一流《いちりゅう》の画家《がか》が描《か》いたようになり、作品《さくひん》を見《み》ると感嘆《かんたん》の声《こえ》が上《あ》がるのです。

実力《じつりょく》をつけるためには自分《じぶん》だけの力《ちから》だけではできないというのです。

御飯《ごはん》を食《た》べる時《とき》も、「この御飯《ごはん》よ、私《わたし》が準備《じゅんび》する肥料《ひりょう》になっておくれ。

消耗《しょうもう》する頭脳《ずのう》に、消耗《しょうもう》するすべての細胞《さいぼう》に、力《ちから》を補給《ほきゅう》しておくれ。

悪《あく》に対《たい》して判断《はんだん》し得《え》る正義《せいぎ》の力《ちから》になっておくれ」と言《い》うのです。

15 集中力《しゅうちゅうりょく》に優《すぐ》れた真《まこと》のお父様《とうさま》

真《まこと》のお父様《とうさま》は、小《ち》さいころから勉強《べんきょう》も非常《ひじょう》によくできました。数《かぞ》えの十歳《さい》、書堂《ソダン》に通《かよ》った時《とき》には、先生《せんせい》が『論語《ろんご》』や『孟子《もうし》』を一頁《ページ》教《おし》えるのに一日《にち》かけていました。

しかし真《まこと》のお父様《とうさま》は、精神《せいしん》を集中《しゅうちゅう》して、一日《にち》かけてするところを三十分《ぷん》でマスターしてしまったのです。

先生《せんせい》は教《おし》えるのに疲《つか》れてよく昼寝《ひるね》をするのですが、真《まこと》のお父様《とうさま》は、その時間《じかん》になると山《やま》に行《い》って歩《ある》き回《まわ》っていました。

十二歳《さい》の時《とき》には『論語《ろんご》』『孟子《もうし》』は全部読《ぜんぶよ》んでしまいました。

真《まこと》のお父様《とうさま》は、その時《とき》、多方面《たほうめん》に素質《そしつ》を発揮《はっき》していて、絵《え》も字《じ》も

孟子
論語

非常《ひじょう》に上手《じょうず》でした。それで書堂《ソダン》で習《なら》う子供《こども》たちのために手本《てほん》まで書《か》いてあげていたのです。

そういう能力《のうりょく》があるからといって、絶《た》えず勉強《べんきょう》していたわけではありません。

山《やま》の自然《しぜん》が大好《だいす》きで、昼食《ちゅうしょく》を山《やま》の中《なか》にあるもので済《す》ませていました。

山《やま》に何《なに》があるかよく分《わ》かっていたからです。

夕食《ゆうしょく》の時《とき》までおなかがすかなかったのです。疲《つか》れれば、山《やま》で寝《ね》ていたのです。

16 天才《てんさい》であり努力家《どりょくか》

真《まこと》のお父様《とうさま》の能力《のうりょく》は、神様《かみさま》から授《さず》かった天賦《てんぷ》の才《さい》のみならず、人《ひと》にはまねできないほどに努力《どりょく》した、その賜《たまもの》でした。

天才的側面《てんさいてきそくめん》の一例《いちれい》を挙《あ》げると、何枚《なんまい》かの平原《へいげん》を描《えが》いた絵《え》を画用《がよう》紙《し》に貼《は》りつけるとき、目《め》で寸法《すんぽう》を測《はか》ると、ピッタリと当《あ》てはまってしまいました。

ユニークな側面《そくめん》としてはノートの使《つか》い方《かた》です。線《せん》が引《ひ》いてある所《ところ》から書《か》くのではなく、一番上《ばんうえ》から書《か》きました。

ある時《とき》は、一度《ど》書《か》いた上《うえ》にさらに書《か》いて、ノートの節約《せつやく》もしました。

また、本《ほん》を読《よ》んでいくと、そのページの後《うし》ろも見《み》えたのです。五、六年生《ねんせい》の時《とき》には、日本語読本《にっぽんごどくほん》という一巻《かん》が百《ひゃく》八十ページの本《ほん》の二巻分《かんぶん》を一晩《ばん》で覚《おぼ》えてしまいました。人間《にんげん》の記憶力《きおくりょく》とはすごいものなのです。

努力家《どりょくか》でもある真《まこと》のお父様《とうさま》は、既《すで》にこの時《とき》、夜《よる》の二時《じ》、三時《じ》まで勉強《べんきょう》していました。

父母《ふぼ》が「もう寝《ね》なさい、体《からだ》をこわしてはいけない」と言《い》っても、いつもそうだったのです。

その時《とき》の一番《ばん》の友達《ともだち》が、夜《よる》の虫《むし》たちだったのです。

17 直観力《ちょっかんりょく》の鋭《するど》さ

真《まこと》のお父様《とうさま》は人相《にんそう》を見《み》るだけでなく、動物《どうぶつ》に対《たい》しても見《み》る目《め》があるのです。

例《たと》えば、牛《うし》の販売場《はんばいじょう》で真《まこと》のお父様《とうさま》が、「あの牛《うし》は悪《わる》い」と一言《ひとこと》言《い》うと、それは売《う》れないのです。

牛《うし》について真《まこと》のお父様《とうさま》は次《つぎ》のように見《み》るのです。

「牛《うし》は首筋《くびすじ》の形《かたち》が良《よ》くなければならず、前足《まえあし》の形《かたち》が良《よ》くなければならず、後《うし》ろの形《かたち》が良《よ》くなければならず、腰《こし》の形《かたち》が良《よ》くなければなりません。この四《よっ》つの形《かたち》が良《よ》くなければなりません」と。

このように、牛《うし》を鑑定《かんてい》することにおいて四方八方《しほうはっぽう》から総合的《そうごうてき》に

見《み》る目《め》があったのです。

それで真《まこと》のお父様《とうさま》のお父《とう》さんが牛《うし》を買《か》いに行《い》く時《とき》、代《か》わりに鑑定《かんてい》してあげたのです。

お父《とう》さんからどうして分《わ》かるのかと質問《しつもん》された時《とき》、真《まこと》のお父様《とうさま》は「私《わたし》は既《すで》にお母《かあ》さんのおなかの中《なか》で学《まな》んで出《で》てきたのです」と語《かた》られたのです。

18 親族《しんぞく》と村《むら》で評判《ひょうばん》の子《こ》

真《まこと》のお父様《とうさま》が誕生《たんじょう》した時《とき》、親族《しんぞく》の者《もの》たちは、「この子《こ》は、私《わたし》たち親族《しんぞく》を生《い》かす子《こ》であり、親族《しんぞく》の誇《ほこ》りとなるように天《てん》の子女《しじょ》として、かわいく生《う》まれた」と言《い》ったのです。

叔母《おば》さんは真《まこと》のお父様《とうさま》を特別尊重《とくべつそんちょう》し、自分《じぶん》の息子《むすこ》、娘《むすめ》よりも真《まこと》のお父様《とうさま》を愛《あい》したのです。例《たと》えば、大金《たいきん》を持《も》ってきて「お前《まえ》の学費《がくひ》にしなさい」と言《い》うのです。

「自分《じぶん》の息子《むすこ》、娘《むすめ》には勉強《べんきょう》もさせられないのに何《なん》ですか」と言《い》うと、「私《わたし》の息子《むすこ》、娘《むすめ》はそこそこだから、お前《まえ》がうまくやれば私《わたし》の息子《むすこ》、娘《むすめ》が福《ふく》を受《う》ける」と言《い》ったのです。

また、観相《かんそう》を見《み》る医者《いしゃ》が真《まこと》のお父様《とうさま》を自分《じぶん》の娘《むすめ》の婿《むこ》にすると言《い》いました。「私《わたし》の娘《むすめ》は風采《ふうさい》も良《よ》く、美人《びじん》だが、あの若者《わかもの》を見《み》れば、ほれるだろう。婿《むこ》にする」と言《い》ったのです。

真《まこと》のお父様《とうさま》、十数歳《すうさい》の時《とき》です。気分《きぶん》は悪《わる》くなかったとのことです。

このように、親族《しんぞく》の中《なか》で真《まこと》のお父様《とうさま》は、一番優秀《ばんゆうしゅう》で頭《あたま》も良《よ》いし、運動《うんどう》も抜群《ばつぐん》の能力《のうりょく》があったのです。

このような真《まこと》のお父様《とうさま》がいるゆえに、嫁《よめ》に行《い》かないという娘《むすめ》たちが多《おお》かったのです。

19 祝福《しゅくふく》と蕩滅《とうげん》

真《まこと》のお父様《とうさま》が神様《かみさま》から召命《しょうめい》されるようになるには、多《おお》くの条件《じょうけん》が必要《ひつよう》でした。

条件《じょうけん》が不足《ふそく》であれば、犠牲《ぎせい》が必要《ひつよう》だったのです。

聖人《せいじん》、義人《ぎじん》、天才《てんさい》、逸材《いつざい》といわれる人《ひと》の誕生《たんじょう》の背後《はいご》には必《かなら》ず、そのようなことがあるのです。

つまり、祝福《しゅくふく》があれば必《かなら》ず、蕩滅《とうげん》があるのです。

それは、真《まこと》のお父様《とうさま》が神様《かみさま》に召命《しょうめい》されて人類《じんるい》のメシヤとしてみ旨《むね》の道《みち》を出発《しゅっぱつ》する前《まえ》から始《はじ》まっていました。

実際《じっさい》、真《まこと》のお父様《とうさま》が神様《かみさま》の召命《しょうめい》を受《う》けるまで、真《まこと》のお父様《とうさま》の

家《いえ》に相当《そうとう》な混乱《こんらん》が起《お》きました。

一家《いっか》の財産《ざいさん》を使《つか》い果《は》たしてしまい、人命《じんめい》の犠牲《ぎせい》もあったのです。親族《しんぞく》のお祖父《じい》さんの兄弟《きょうだい》（二番目《ばんめ》）が客死《かくし》（旅先《たびさき》で亡《な》くなる）し、お父《とう》さんのいとこたち三人《にん》も亡《な》くなりました。みな、兄弟《きょうだい》の二番目《ばんめ》（アベルの立場《たちば》）でした。

しかし真《まこと》のお父様《とうさま》は、二番目《ばんめ》なのに倒《たお》れなかったのです。

そして、いとこたちの二番目《ばんめ》も残《のこ》ることができました。

このように、一人《ひとり》の偉大《いだい》なる人物《じんぶつ》が立《た》つ時《とき》に、サタンはありとあらゆることをしたのです。

第《だい》二章《しょう》

大自然《だいしぜん》と共鳴《きょうめい》する

20 大自然《だいしぜん》から神様《かみさま》を学《まな》ぶ

小学生時代《しょうがくせいじだい》に、信仰《しんこう》の土壌《どじょう》を形成《けいせい》することは非常《ひじょう》に大切《たいせつ》です。真《まこと》のお父様《とうさま》のみ言《ことば》にもあるように、小学生期《しょうがくせいき》は感性《かんせい》がピークにあるときなので、この時期《じき》に体験《たいけん》することは生涯残《しょうがいのこ》るのです。

真《まこと》のお父様《とうさま》の信仰《しんこう》の土台《どだい》の一《ひと》つに、「ために生《い》きる」家系《かけい》の伝統《でんとう》があったことを、今《いま》まで紹介《しょうかい》してきました。それに加《くわ》え、もう一《ひと》つ大《おお》きな信仰的《しんこうてき》な情緒《じょうちょ》を育《はぐく》んだ場所《ばしょ》があります。

それが大自然《だいしぜん》だったのです。

大自然《だいしぜん》は神様《かみさま》の創造《そうぞう》の賜《たまもの》であるので、そこには神様《かみさま》の無限《むげん》の心《しん》情《じょう》、無限《むげん》の英知《えいち》が詰《つ》まっているのです。

エピソードの中《なか》に、「私《わたし》は幼《おさな》い時《とき》、山《やま》に通《かよ》いながら、花《はな》という花《はな》を調《しら》べてみました。

知《し》らない花《はな》がありません。

家《いえ》の裏《うら》の小山《こやま》に行《い》って、自然《しぜん》があまりにいいので家《いえ》にも戻《もど》らず、日《ひ》が沈《しず》むまで自然《しぜん》と交《まじ》わり、歩《ある》き回《まわ》って、疲《つか》れてうつぶして寝《ね》たところ、夜《よる》十二時《じ》になって、母《はは》と父《ちち》が捜《さが》しにきて、連《つ》れていくというようなことが多《おお》かったのです」とあります。

正《まさ》に自然《しぜん》は、第一《だいいち》の教科書《きょうかしょ》なのです。

21 花博士《はなはかせ》・魚博士《さかなはかせ》

「より大《おお》きな善《ぜん》のために生《い》きる」という言葉《ことば》を別《べつ》の角度《かくど》から表現《ひょうげん》すれば、相手《あいて》と事情《じじょう》を共《とも》にするということにもなります。苦《くる》しいことも悲《かな》しいことも、一緒《いっしょ》になって乗《の》り越《こ》えていこうということでもあるのです。

さらに別《べつ》の表現《ひょうげん》をすれば、「愛《あい》する」ということです。そしてそれはまず、人《ひと》を愛《あい》する前《まえ》に万物《ばんぶつ》（植物《しょくぶつ》や動物《どうぶつ》）を愛《あい》する訓練《くんれん》から始《はじ》まります。

このような観点《かんてん》から言《い》えば、真《まこと》のお父様《とうさま》は小《ちい》さい時《とき》から大自然《だいしぜん》の中《なか》に入《はい》り、大自然《だいしぜん》を愛《あい》し、大自然《だいしぜん》の友《とも》となっていたのです。

その投入度《とうにゅうど》は一〇〇パーセント、一〇〇〇パーセントと言《い》ってもいいくらいなのです。

例《たと》えば、「私《わたし》は幼《おさな》い時《とき》、山《やま》に通《かよ》いながら、花《はな》という花《はな》を調《しら》べてみました。知《し》らない花《はな》がありません」と語《かた》られています。

正《まさ》に花博士《はなはかせ》なのです。それだけでも大学《だいがく》の先生《せんせい》になれるのです。

さらに大人《おとな》になって、海《うみ》の魚《さかな》についても誰《だれ》よりも知《し》る人《ひと》になりました。それゆえ魚博士《さかなはかせ》でもあります。

このように深《ふか》く研究《けんきゅう》されたことがいっぱいあるのです。

22 運動能力《うんどうのうりょく》抜群《ばつぐん》の真《まこと》のお父様《とうさま》

人類《じんるい》のメシヤとして歩《あゆ》むためには、生《う》まれつき神様《かみさま》からすべての能力《のうりょく》が祝福《しゅくふく》されて、誕生《たんじょう》しなければなりません。

その一《ひと》つが恵《めぐ》まれた心身《しんしん》でした。

真《まこと》のお父様《とうさま》は、中年生《さるどしう》まれのせいか、「木登《きのぼ》りは、猿《さる》の如《ごと》く」なのです。

昔《むかし》、真《まこと》のお父様《とうさま》の家《いえ》には、二百年《ひゃくねん》になる大《おお》きな栗《くり》の木《き》があったそうです。

その木《き》に登《のぼ》るのですが、いが栗《ぐり》のある所《ところ》に、ひたすら行《い》ったそうです。

そして、わざわざ細《ほそ》い枝《えだ》の先《さき》まで行《い》くこともしました。枝《えだ》が折《お》れたりすれば大《おお》けがをしてしまいます。

しかし真《まこと》のお父様《とうさま》は、運動神経《うんどうしんけい》が抜群《ばつぐん》に良《よ》いので、落《お》ちる時《とき》は、猿《さる》のようにほかの枝《えだ》に手《て》を引《ひ》っかけて落《お》ちていくのです。

山《やま》には、松《まつ》や竹《たけ》も生《は》えていたので、きっと松《まつ》の木《き》や竹《たけ》にも登《のぼ》ったに違《ちが》いありません。

松《まつ》はすぐ折《お》れるのですが、竹《たけ》は大丈夫《だいじょうぶ》です。

そして、竹《たけ》であれば、ターザンのように竹《たけ》から竹《たけ》へ伝《つた》わっていくこともしたに違《ちが》いありません。

23 生《う》まれつきの同情心《どうじょうしん》と家族愛《かぞくあい》

大自然《だいしぜん》の中《なか》で過《す》ごした少年時代《しょうねんじだい》の真《まこと》のお父様《とうさま》にはいろいろな体験《たいけん》があります。

ある時《とき》、鳥《とり》たちに食《た》べ物《もの》を持《も》っていってあげて、真心《まごころ》を込《こ》めて泉《いずみ》の水《みず》を掘《ほ》ってあげて、「鳥《とり》よ、お前《まえ》はここに来《き》て水《みず》を飲《の》みなさい」と言《い》いました。

すると鳥《とり》は絶対《ぜったい》に逃《に》げなかったのです。鳥《とり》に真心《まごころ》で接《せっ》すると、鳥《とり》は人《ひと》を好《この》むことを知《し》ったのです。

またある時《とき》、水《みず》たまりを掘《ほ》り、魚《さかな》は水《みず》の中《なか》ではみな生《い》きるだろうと思《おも》って、魚《さかな》を捕《つか》まえて入《い》れておきました。

さて一夜明《いちやあ》けてみたら、みな仰向《あおむ》けになって死《し》んでいたのです。その時真《ときまこと》のお父様《とうさま》は、「真心《まごころ》を込《こ》めて、生《い》かしてあげようとしたのに、なぜ死《し》んだのか。お前《まえ》のお母《かあ》さんが泣《な》くだろうなー。私《わたし》が泣《な》いてあげるよ」と言《い》って、一人《ひとり》で泣《な》いたのです。

このように真《まこと》のお父様《とうさま》は生《う》まれつき、情《なさ》け深《ぶか》くて、動物《どうぶつ》に対《たい》しても限《かぎ》りない愛情《あいじょう》を注《そそ》ぐ少年《しょうねん》だったのです。

24 探究心旺盛《たんきゅうしんおうせい》な真《まこと》のお父様《とうさま》

真《まこと》のお父様《とうさま》は少年時代《しょうねんじだい》、美《うつく》しい鳥《とり》を見《み》ると、その鳥《とり》に対《たい》して深《ふか》い関心《かんしん》を持《も》ちました。

関心《かんしん》を持《も》つと、その鳥《とり》が何《なに》を食《た》べて生《い》きているのか、どこに巣《す》を作《つく》ってヒナをかえすのかなどが知《し》りたくなり、何日《なんにち》かかってもそれが分《わ》かるまで通《かよ》い続《つづ》け、必《かなら》ず鳥《とり》の生態《せいたい》を突《つ》き止《と》めてしまうのです。

山《やま》に来《く》るすべての鳥《とり》を鑑定《かんてい》したり、かわいらしい渡《わた》り鳥《どり》が来《く》れば、初《はじ》めて見《み》る鳥《とり》なので、姿《すがた》をよく観察《かんさつ》し、雄《おす》の姿《すがた》と雌《めす》の姿《すがた》の違《ちが》いもはっきりと突《つ》き止《と》めます。

このようなことは本《ほん》をいくら見《み》ても書《か》いてないので、真《まこと》のお父様《とうさま》は一週間《しゅうかん》、御飯《ごはん》を食《た》べないで待《ま》つこともしたというのです。

特《とく》に真《まこと》のお父様《とうさま》がカササギの生態《せいたい》を研究《けんきゅう》したことは有名《ゆうめい》な話《はなし》です。

カササギに注目《ちゅうもく》し始《はじ》めると真《まこと》のお父様《とうさま》は、毎日《まいにち》カササギが気《き》になってしようがないのです。

すべての事実《じじつ》をつかむまで、夜《よる》も眠《ねむ》れない日々《ひび》を過《す》ごしたというのです。

大変《たいへん》な探究心《たんきゅうしん》を子供《こども》の時《とき》から持《も》っていたのです。

25 動物大博士《どうぶつだいはかせ》・植物大博士《しょくぶつだいはかせ》

小学生《しょうがくせい》の皆《みな》さんは、『シートン動物記《どうぶつき》』や『ファーブル昆虫記《こんちゅうき》』を読《よ》んだことがあるかもしれません。

しかし、真《まこと》のお父様《とうさま》の探究心《たんきゅうしん》は博士《はかせ》以上《いじょう》の大博士《だいはかせ》級《きゅう》の探究心《たんきゅうしん》なのです。

エピソードを一《ひと》つ一《ひと》つ挙《あ》げればきりがありません。詳《くわ》しくは『真《まこと》の御父母様《ごふぼさま》の生涯路程《しょうがいろてい》①』を読《よ》んでみてください。

ここでは、真《まこと》のお父様《とうさま》がその生態《せいたい》を研究《けんきゅう》した動物《どうぶつ》の名前《なまえ》だけを挙《あ》げてみようと思《おも》います。

カササギ、うぐいす、ひばり、すずめ、きじ、ひぐらし（せみ）、

蟻《あり》、ふんころがし、蜂《はち》、山猫《やまねこ》、たぬき、うさぎ、さぎ、蛇《へび》、あまがえる、うなぎ、かに、牛《うし》、犬《いぬ》、めんどり、など、数《かぞ》えきれません。

さらに、植物大博士《しょくぶつだいはかせ》と言《い》われるほど、たくさんの植物《しょくぶつ》を研究《けんきゅう》したり、育《そだ》てたりしたのです。

稲《いね》、豆《まめ》、さつまいも、小豆《あずき》、きゅうり、とうもろこし、じゃがいも、麦《むぎ》、唐辛子《とうがらし》、苦菜《にがな》、栗《くり》など、一《ひと》つ一《ひと》つ研究《けんきゅう》し、栽培《さいばい》の仕方《しかた》、土《つち》の研究《けんきゅう》、おいしくなる方法《ほうほう》など、専門家《せんもんか》をしのぐ研究《けんきゅう》をされたのです。

26 すべての分野《ぶんや》でチャンピオンに

五月《がつ》、六月《がつ》は、田植《たう》えの風景《ふうけい》を見《み》ることができますが、真《まこと》のお父様《とうさま》は、田畑《たはた》を耕《たがや》すことも、田植《たう》えも、草取《くさと》りも大変上手《たいへんじょうず》でした。

一番難《いちばんむずか》しいのは栗畑《くりばたけ》の草取《くさと》りで、次《つぎ》に難《むずか》しいのが綿花畑《めんかばたけ》なのです。

そして、豆《まめ》や稲《いね》やとうもろこしやさつまいもが、どういう土地《とち》で育《そだ》つとおいしくなるかが、すぐに分《わ》かったのです。

それゆえに、どのような土地《とち》に豆《まめ》や小豆《あずき》を植《う》えれば良《よ》いのかということが、土地《とち》を見《み》て一目《ひとめ》で分《わ》かるのです。

真《まこと》のお父様《とうさま》にどうしてそのような能力《のうりょく》があるかといえば、それ

は経験《けいけん》を通《とお》して分《わ》かるのです。

したがって、真《まこと》のお父様《とうさま》は農夫《のうふ》の中《なか》の農夫《のうふ》なのです。

だから、人間《にんげん》の糞《ふん》を手《て》でこねて粉《こな》を作《つく》ったこともありました。人糞《じんぷん》を運《はこ》ぶチャンピオンでした。

さて、田植《たう》えの作業《さぎょう》は、腰《こし》が痛《いた》くなるほど大変《たいへん》なのですが、真《まこと》のお父様《とうさま》はそれを一番多《いちばんおお》く植《う》えるし、一番速《いちばんはや》くするのです。本当《ほんとう》に速《はや》かったのです。田植《たう》えのチャンピオンだったのです。

27 真《まこと》のお父様《とうさま》の姉《あね》と妹《いもうと》たち

真《まこと》のお父様《とうさま》にはたくさん姉《あね》と妹《いもうと》がいました。姉《あね》が三人《にん》、妹《いもうと》が四人《にん》いました。

その中《なか》で龍壽《ヨンス》お兄《にい》さん（後日《ごじつ》「大兄様《デーヒョンさま》」と揮毫《きごう》を贈《おく》られる）の愛《あい》も受《う》けながら、成長《せいちょう》された真《まこと》のお父様《とうさま》でした。

心《こころ》の優《やさ》しい真《まこと》のお父様《とうさま》は、一番上《ばんうえ》の姉《あね》が病気《びょうき》になったとき、お灸《きゅう》で夜通《よどお》し治療《ちりょう》してあげたのです。

それを半年間《はんとしかん》、続《つづ》けてやってあげました。

姉《あね》たちがお嫁《よめ》に行《い》った先《さき》は、みな中流《ちゅうりゅう》階級《かいきゅう》以上《いじょう》の家《いえ》でした。

そこには食《た》べ物《もの》も、海《うみ》で使《つか》う投網《とあみ》や船《ふね》もありました。

それで、真《まこと》のお父様《とうさま》は長期《ちょうき》の休《やす》みになればじっとしていません。姉《あね》の家《いえ》に行《い》って、いとこを呼《よ》び出《だ》し、真《まこと》のお父様《とうさま》が大将《たいしょう》になって、一日中《にちじゅう》外《そと》に出《で》て、魚《さかな》を捕《つか》まえていました。

そしてたくさん捕《つか》まえた魚《さかな》を親戚《しんせき》に配《くば》ってあげたのです。

このようにして三人《にん》の姉《あね》の嫁《とつ》ぎ先《さき》に十日《とおか》ずつ行《い》って遊《あそ》び、一か月《げつ》を過《す》ごしていたのです。

それで休《やす》みの時《とき》は、家《いえ》にはほとんどいなかったのです。

第四章《だいしょう》

正《ただ》しいことを正々堂々《せいせいどうどう》と行《おこな》う

28 正義《せいぎ》の味方《みかた》

真《まこと》のお父様《とうさま》は幼《おさな》いころ、他人《たにん》のけんかの間《あいだ》に入《はい》っては、弱《よわ》い者《もの》いじめをする人《ひと》をやっつけていました。

道《みち》を通《とお》り過《す》ぎる時《とき》、けんかをする者《もの》がいると、しばらく見《み》て、聞《き》いていました。

そして、間違《まちが》っている者《もの》が優勢《ゆうせい》になると、そのけんかを真《まこと》のお父様《とうさま》が引《ひ》き受《う》けて、代《か》わりに戦《たたか》ったのです。

「こいつ。お前《まえ》が間違《まちが》っている。これは駄目《だめ》だ」とけんかに入《はい》り込《こ》んだのです。

正《ただ》しいことのためには、命懸《いのちが》けで戦《たたか》う真《まこと》のお父様《とうさま》でしたので、

村《むら》の人々《ひとびと》がみんな真《まこと》のお父様《とうさま》を恐《おそ》れました。

また、村《むら》で威張《いば》り散《ち》らす子供《こども》がいると、その子《こ》のおじいさん、おばあさんの腹《はら》を小突《こづ》きながら、「おじいさん、孫《まご》にこのように教《おし》えてあげたのでしょう。（だから、孫《まご》がそのようになるんですよ）」と忠告《ちゅうこく》をしていました。

このようにしていたので、真《まこと》のお父様《とうさま》が十歳《さい》にもならない時《とき》に、村《むら》の八キロメートル圏内《けんない》の子供《こども》たちはみな、真《まこと》のお父様《とうさま》の手下《てした》になっていました。

29 義憤《ぎふん》を抱《いだ》いた真《まこと》のお父様《とうさま》

義憤《ぎふん》とは、正《ただ》しいことなのにその道理《どうり》が通《とお》らないことに腹《はら》を立《た》てることを言《い》います。

よく、善人《ぜんにん》がばかを見《み》たり、正直者《しょうじきもの》が損《そん》をするといわれますが、それはサタン的《てき》な人《ひと》、自己中心的《じこちゅうしんてき》な人《ひと》が、それらの人《ひと》を犠牲《ぎせい》にして得《とく》をするからです。

このようなことを許《ゆる》すことができないといって憤《いきどお》ることを、義憤《ぎふん》といいます。

したがって義憤《ぎふん》を抱《いだ》く人《ひと》は、悪《あく》に妥協《だきょう》することなく生《い》きる人《ひと》であり、また、自己中心的《じこちゅうしんてき》ではなく、人《ひと》のために生《い》きている人《ひと》なの

です。

真《まこと》のお父様《とうさま》が小《ちい》さいころから義憤《ぎふん》を抱《いだ》いたということから、小《ちい》さい時《とき》から公義《こうぎ》に生《い》きていたことが分《わ》かります。

つまり「より大《おお》きな善《ぜん》のために」生《い》きていたのです。

例《たと》えば、年《とし》を取《と》った独身《どくしん》の男《おとこ》たちが、通《とお》り過《す》ぎる乙女《おとめ》をひやかすと、それを自分《じぶん》の妹《いもうと》と思《おも》って「こいつ、お前《まえ》の妹《いもうと》であれば、そのようにできるか」と激《はげ》しく抗議《こうぎ》したのです。

30 十二歳《さい》にして家族《かぞく》を掌握《しょうあく》

より大《おお》きな善《ぜん》のために生《い》きるためには、強《つよ》い精神力《せいしんりょく》がなければなりません。

神様《かみさま》と世界《せかい》のために生《い》きる真《まこと》のお父様《とうさま》は、その根性《こんじょう》たるや、大変《たいへん》な強《つよ》さだったのです。正《まさ》に幼少期《ようしょうき》から世界《せかい》を変《か》えるほどの強《つよ》い意志力《いしりょく》があったのです。

例《たと》えば、お母《かあ》さんが間違《まちが》っているのに、真《まこと》のお父様《とうさま》をしかる場合《ばあい》は、絶対《ぜったい》に従《したが》わなかったのです。激《はげ》しくたたかれても屈服《くっぷく》しませんでした。

お母《かあ》さんも強《つよ》い人《ひと》でしたが、真《まこと》のお父様《とうさま》はもっと強《つよ》かったので

まちがって
なんかいない

キセルは持《も》たない
ほうが…

す。

ある時《とき》、真《まこと》のお父様《とうさま》は何時間《なんじかん》もたたかれたので気絶《きぜつ》してしまいました。そして、父母《ふぼ》が真《まこと》のお父様《とうさま》の前《まえ》でオンオンと泣《な》いたのです。

その時《とき》真《まこと》のお父様《とうさま》は、「親《おや》が間違《まちが》っているんだから泣《な》くのは当然《とうぜん》でしょう」と言《い》い放《はな》ったのです。

また、お祖父《じい》さんがキセルを持《も》ったまま、孫《まご》の真《まこと》のお父様《とうさま》に訓示《くんじ》すると、真《まこと》のお父様《とうさま》は、「キセルを持《も》つべきではないです」と忠告《ちゅうこく》し、納得《なっとく》させてしまったのです。

十二歳《さい》にして祖父母《そふぼ》、父母《ふぼ》、兄弟《きょうだい》を主管《しゅかん》していたのです。

31 なまけ者《もの》は大嫌《だいきら》い

真《まこと》のお父様《とうさま》は、寄生虫《きせいちゅう》のように人《ひと》の世話《せわ》になったり、他人《たにん》の甘《あま》い汁《しる》を吸《す》って生《い》きることが大嫌《だいきら》いです。だから、なまけ者《もの》は大嫌《だいきら》いなのです。

小《ちい》さい時《とき》に親戚《しんせき》に目《め》の不自由《ふじゆう》な人《ひと》がいたのですが、その人《ひと》が、お祝《いわ》いの席《せき》があると、ずうずうしく、さじと箸《はし》を持《も》ってきて座《すわ》り込《こ》んでいました。

真《まこと》のお父様《とうさま》は、そういう態度《たいど》が許《ゆる》せないのです。それで木製《もくせい》のお盆《ぼん》で彼《かれ》をぶんなぐったのです。七歳《さい》の時《とき》の出来事《できごと》です。

それでもその男《おとこ》が客間《きゃくま》で昼寝《ひるね》をしているので、えり首《くび》をつかま

えてたたくと、鼻血《はなぢ》が出《で》たのです。

そして、「なまけていたらお前《まえ》の家《いえ》に火《ひ》をつけてしまうぞ」と真《まこと》のお父様《とうさま》が言《い》ったのです。

真《まこと》のお父様《とうさま》は幼少期《ようしょうき》から言《い》ったことは必《かなら》ずやる人《ひと》であったので、その母親《ははおや》が恐《おそ》れて、一族《いちぞく》を連《つ》れて許《ゆる》しを乞《こ》いに来《き》たのです。

このように真《まこと》のお父様《とうさま》は、ずるい人間《にんげん》を見《み》ると許《ゆる》せないのです。我慢《がまん》できないのです。

夜《よる》も眠《ねむ》れなくなるのです。

そういう時《とき》は部屋《へや》の壁《かべ》を引《ひ》っかいて、壁《かべ》をなくしてしまうほどだったのです。

32 粘《ねば》り強《づよ》い性質《せいしつ》

より大《おお》きな善《ぜん》のために生《い》きる実践《じっせん》を生涯《しょうがい》し続《つづ》けていらっしゃる真《まこと》のお父様《とうさま》の根性《こんじょう》は、小《ちい》さい時《とき》から息《いき》づいていました。

それは、誰《だれ》にも負《ま》けない粘《ねば》り強《づよ》い性質《せいしつ》でした。

特《とく》に、他人《たにん》に負《ま》けることを絶対《ぜったい》に嫌《きら》う気性《きしょう》の持《も》ち主《ぬし》であった真《まこと》のお父様《とうさま》は、誰《だれ》と争《あらそ》っても、相手《あいて》を降参《こうさん》させない限《かぎ》り、三か月《げつ》も四か月《げつ》も眠《ねむ》れなかったのです。

しつこいと言《い》えばしつこいし、恐《おそ》ろしいと言《い》えば恐《おそ》ろしいし、とにかく粘《ねば》り強《つよ》い性質《せいしつ》だったのです。

ある時《とき》、真《まこと》のお父様《とうさま》に、ある者《もの》が鼻血《はなぢ》を出《だ》させて逃《に》げました。

その時真《ときまこと》のお父様《とうさま》は、その家《いえ》の門前《もんぜん》で三十日間《にちかん》も待《ま》って、ついには彼《かれ》のお父《とう》さん、お母《かあ》さんまでも降参《こうさん》させてしまいました。

そして餅《もち》まで一《ひと》かごもらってきてしまったのです。

真《まこと》のお父様《とうさま》は、「私《わたし》が一度手《どて》を出《だ》せば、死《し》なない限《かぎ》り勝《か》つ」と思《おも》っているのです。

それで人々《ひとびと》は、真《まこと》のお父様《とうさま》のことを「五山《オサン》の家《いえ》の下《した》の子《こ》、そいつは一度決心《どけっしん》すれば必《かなら》ずやる」とうわさするようになったのです。

33 卒業式《そつぎょうしき》で演説《えんぜつ》

一九三八年《ねん》三月《がつ》二十五日《にち》の定州《チョンジュ》普通学校《ふつうがっこう》での卒業式《そつぎょうしき》での出来《でき》事《ごと》でした。

真《まこと》のお父様《とうさま》が十八歳《さい》の時《とき》なので、今《いま》の高校《こうこう》三年生《ねんせい》の卒業式《そつぎょうしき》に当《あ》たります。

卒業式《そつぎょうしき》には、定州《チョンジュ》の名士《めいし》、父母《ふぼ》、先生方《せんせいがた》がお祝《いわ》いのために集《あつ》まっていました。その場《ば》でのことです。

卒業式《そつぎょうしき》は校長《こうちょう》の訓示《くんじ》、来賓《らいひん》の祝辞《しゅくじ》で終《お》わるところでしたが、卒業生《そつぎょうせい》の真《まこと》のお父様《とうさま》が志願《しがん》して、壇上《だんじょう》に立《た》ったのです。

そこで言《い》ったことは、集《あつ》まっている人《ひと》たちをびっくりさせるも

卒業式
この場《ば》をかりて
一言《ひとこと》申《もう》し上《あ》げたい
ことがある

のでした。
韓国《かんこく》を支配《しはい》していた日本《にっぽん》に対《たい》する批判《ひはん》、学校《がっこう》の先生《せんせい》の教育《きょういく》の在《あ》り方《かた》、このような時代《じだい》に生《い》きる者《もの》としての責任者《せきにんしゃ》の心構《こころがま》えなどについて、延々《えんえん》と一時間近《じかんちか》くも演説《えんぜつ》したのです。

このことはもちろん、大問題《だいもんだい》になりました。

その時《とき》から真《まこと》のお父様《とうさま》は要注意人物《ようちゅういじんぶつ》というレッテルを貼《は》られ、警察《けいさつ》から、目《め》をつけられるようになったのです。

しかし、真《まこと》のお父様《とうさま》の洞察力《どうさつりょく》は的《まと》を射《い》たものであり、神《かみ》の子《こ》としての堂々《どうどう》たる態度《たいど》だったのです。

34 お祖母《ばあ》さんと母親《ははおや》の心《こころ》を溶《と》かした真《まこと》のお父様《とうさま》

真《まこと》のお父様《とうさま》のお祖母《ばあ》さんは、本当《ほんとう》に人《ひと》の良《よ》い人《ひと》でした。餅《もち》を作《つく》って市場《いちば》に売《う》りに行《い》くのですが、朝広《あさひろ》げておいて、夕方《ゆうがた》、代金《だいきん》を取《と》りに行《い》くだけなのです。みんなが、お金《かね》を置《お》いていってくれるだろうと信《しん》じているのです。

しかし、お金《かね》は一銭《いっせん》もなく餅《もち》が全部《ぜんぶ》なくなることが多《おお》いのです。もしそのような善良《ぜんりょう》なお祖母《ばあ》さんを軽蔑《けいべつ》する人《ひと》がいたら、真《まこと》のお父様《とうさま》は夜《よる》も眠《ねむ》れませんでした。

そこでお祖母《ばあ》さんを喜《よろこ》ばせるために、夜寝《よるね》ている時《とき》に、そっと入《はい》り込《こ》んで、お祖母《ばあ》さんの乳首《ちくび》を触《さわ》ったりするのでした。

お金入れ

なぜなら年老《としお》いても、昔子供《むかしこども》を育《そだ》てていた時《とき》のことが忘《わす》れられないのでうれしいのです。

さらにお祖母《ばあ》さんのポケットにあるお金《かね》を自分《じぶん》のポケットに入《い》れ、お祖母《ばあ》さんの目《め》を見《み》て笑《わら》うと、お祖母《ばあ》さんは、そんな真《まこと》のお父様《とうさま》の仕草《しぐさ》を見《み》て喜《よろこ》ばれるのです。

それは、母親《ははおや》に対《たい》しても同《おな》じで、母親《ははおや》が外《そと》へ出《で》かけてしばらくぶりに帰《かえ》ってきた時《とき》など、母親《ははおや》のところに行《い》って、赤《あか》ん坊《ぼう》のように乳《ちち》を吸《す》ったりします。

それを母親《ははおや》は困《こま》った様子《ようす》をしながらも、喜《よろこ》んでくださるのです。

第《だい》五章《しょう》

貧《まず》しい人《ひと》を助《たす》ける

35 貧《まず》しい家庭《かてい》を助《たす》ける

真《まこと》のお父様《とうさま》の性格《せいかく》は、生《う》まれた時《とき》から、かわいそうな人《ひと》を見《み》ると、じっとしていることができない性分《しょうぶん》でした。

陰暦《いんれき》の十二月《がつ》十五日《にち》、村《むら》ではあちこちで宴会《えんかい》が始《はじ》まります。しかし、貧《まず》しい人々《ひとびと》は餅《もち》を食《た》べたくても食《た》べられません。

そうすると真《まこと》のお父様《とうさま》は、内緒《ないしょ》で家《いえ》にある餅米《もちごめ》を持《も》っていってあげたり、魚《さかな》を持《も》っていってあげたのです。

また、貧《まず》しいお母《かあ》さんが赤《あか》ちゃんを産《う》んで、赤《あか》ちゃんにあげるわかめスープのわかめがないことを知《し》ると、わかめを持《も》っていきました。

その時《とき》の真《まこと》のお父様《とうさま》の年齢《ねんれい》は十歳《さい》です。

この年齢《ねんれい》で自分《じぶん》は米《こめ》を一斗《と》（約《やく》十五キログラム）売《う》って、人々《ひとびと》を助《たす》けるんだと、父親《ちちおや》に宣言《せんげん》したのです。

そして、父親《ちちおや》に内緒《ないしょ》で、その一斗《と》の米《こめ》をかついで、二里《り》の道《みち》を一人《ひとり》で歩《ある》いて行《い》ったのです。

縛《しば》る縄《なわ》も綱《つな》もなく、背負《せお》って行《い》ったので大変《たいへん》だったのです。

それでも貧《まず》しい人々《ひとびと》を助《たす》けるという一念《いちねん》で頑張《がんば》ったのです。

36 貧《まず》しい家庭《かてい》に尽《つ》くす

真《まこと》のお父様《とうさま》の少年時代《しょうねんじだい》は、時代的《じだいてき》に裕福《ゆうふく》な時《とき》ではありませんでした。

例《たと》えば、寒《さむ》い冬《ふゆ》の外《そと》で、乞食《こじき》が歩《ある》いているのを見《み》ると、真《まこと》のお父様《とうさま》は、家《いえ》に帰《かえ》って、御飯《ごはん》を食《た》べることもできなくなるし、眠《ねむ》ることができなくなってしまいました。

生《う》まれつき、そのような性格《せいかく》だったのです。

それで、その乞食《こじき》を家《いえ》の奥《おく》の間《ま》に連《つ》れてきて、たくさん食《た》べさせて送《おく》ってあげたいと、父母《ふぼ》に頼《たの》んだのです。

神様《かみさま》が愛《あい》さざるを得《え》ない素質《そしつ》を持《も》っていたのです。

村《むら》で御飯《ごはん》を食《た》べられないといううわさをよく聞《き》いた真《まこと》のお父様《とうさま》でした。

この時《とき》、真《まこと》のお父様《とうさま》は夜眠《よるねむ》れずに過《す》ごしました。

そして、父母《ふぼ》に何《なん》とかしてあげたいと相談《そうだん》する真《まこと》のお父様《とうさま》でした。

しかし、「お前《まえ》は村《むら》の人《ひと》まで全部《ぜんぶ》食《た》べさせるのか」と言《い》われると、父母《ふぼ》には内緒《ないしょ》で米《こめ》びつから、米《こめ》をすくって、持《も》っていってあげたのです。

37 かわいそうな人《ひと》の友達《ともだち》になる

真《まこと》のお父様《とうさま》が、神様《かみさま》の大《おお》きなみ旨《むね》（神様《かみさま》の理想家庭《りそうかてい》と平和理想《へいわりそう》世界王国実現《せかいおうこくじつげん》）を知《し》る前《まえ》から、考《かんが》えていたことがありました。

それは、村《むら》なら村《むら》のかわいそうな人《ひと》の友達《ともだち》になろうということでした。

貧《まず》しく暮《く》らす人《ひと》に関心《かんしん》を持《も》ったのです。

子供《こども》でも豊《ゆた》かに暮《く》らしたり、勢力《せいりょく》の強《つよ》い家《いえ》の子《こ》とは親《した》しくなろうとはせず、反対《はんたい》の生活《せいかつ》をしました。

村《むら》に、貧《まず》しくて、御飯《ごはん》を食《た》べられない人《ひと》がいれば、真《まこと》のお父様《とうさま》は、寝《ね》ないでどんなことをしてでも、それを解決《かいけつ》してあげようと

しました。

例《たと》えば当時《とうじ》、田舎《いなか》に行《い》けば、油《あぶら》がなくて、火《ひ》をつけることができない所《ところ》がありました。

そのような家《いえ》は、ろうそくを置《お》いていました。

そのような家《いえ》に真《まこと》のお父様《とうさま》は、自分《じぶん》の家《いえ》の養蜂箱《ようほうばこ》をひっかき回《まわ》して、蜂蜜《はちみつ》の残《のこ》りかすを集《あつ》めて、ろうそく代《が》わりに配《くば》ってあげていました。

しかし、その価格《かかく》が高《たか》くつくものだったので、お父《とう》さんに叱《しか》られたりしたのです。

38 同情心《どうじょうしん》の厚《あつ》い真《まこと》のお父様《とうさま》

真《まこと》のお父様《とうさま》の家《いえ》のある村《むら》は、文村《ムンむら》と言《い》われるほど、文氏《ムンし》を名乗《なの》る家《いえ》ばかりでした。

しかし、その村《むら》に金氏《キムし》とか李氏《イし》も入《はい》ってきました。そうすると村《むら》の人々《ひとびと》は、よそ者《もの》をないがしろにしました。

その時《とき》、そういう人々《ひとびと》に対《たい》して真《まこと》のお父様《とうさま》のお祖父《じい》さんや、お父《とう》さんが、何《なに》かを貸《か》そうと思《おも》っていてもできない場合《ばあい》は、真《まこと》のお父様《とうさま》が代《か》わりに持《も》って行《い》ったのです。

また、友達《ともだち》のお父《とう》さん、お母《かあ》さんが具合《ぐあい》が悪《わる》くて、病院《びょういん》に行《い》くお金《かね》がない時《とき》には、真《まこと》のお父様《とうさま》は涙《なみだ》を流《なが》しながら、父母《ふぼ》に向《む》かっ

て、誰々《だれだれ》の友達《ともだち》のお父《とう》さん、お母《かあ》さんが病院《びょういん》に行《い》けるようにお金《かね》を出《だ》してくださいと頼《たの》んだのです。

もし両親《りょうしん》がお金《かね》を出《だ》してくれなければ、家《いえ》にある物《もの》を売《う》るのでそのつもりでいてくださいと宣布《せんぷ》したのです。

また、名節《めいせつ》の時《とき》に、友達《ともだち》の中《なか》に裕福《ゆうふく》な人《ひと》と同《おな》じような晴《は》れ着《ぎ》を準備《じゅんび》できない者《もの》がいる時《とき》には、その貧《まず》しい友達《ともだち》のために積極的《せっきょくてき》に働《はたら》く少年《しょうねん》だったのです。

㊴ 義侠心《ぎきょうしん》に厚《あつ》い真《まこと》のお父様《とうさま》

子供時代《こどもじだい》の真《まこと》のお父様《とうさま》は、義侠心《ぎきょうしん》に厚《あつ》く、貧《まず》しい友達《ともだち》や人々《ひとびと》を見《み》ると、黙《だま》ってはいられない性格《せいかく》を持《も》っていました。

村《むら》に貧《まず》しい友達《ともだち》が、弁当《べんとう》に粟飯《あわめし》や麦飯《むぎめし》を包《つつ》んできて食《た》べると、真《まこと》のお父様《とうさま》は、自分《じぶん》の御飯《ごはん》を食《た》べられなくなり、弁当《べんとう》を取《と》り替《か》えて食《た》べました。

また、賭《か》け事《ごと》にも強《つよ》かった真《まこと》のお父様《とうさま》は、賭《か》け事《ごと》で牛《うし》を一頭《とう》買《か》えるぐらいの大金《たいきん》をもうけて、水飴《みずあめ》をビンごと買《か》って、貧《まず》しい子供《こども》たちに食《た》べさせてあげたのです。

親戚《しんせき》の人《ひと》がお金《かね》を持《も》っていることを知《し》ると、あらかじめ、財布《さいふ》

の中《なか》のお金《かね》を勝手《かって》に使《つか》いますと約束《やくそく》して、そのお金《かね》で村《むら》のかわいそうな子供《こども》に大《おお》きな飴玉《あめだま》や水飴《みずあめ》を買《か》ってあげました。

このように友達《ともだち》や多《おお》くの人々《ひとびと》をたくさん助《たす》けてあげたので、誰《だれ》がどのように暮《く》らしているかよく分《わ》かるようになりました。

それは、村《むら》の人《ひと》だけではなく、数里内外《すうりないがい》の人《ひと》のことまでも詳《くわ》しくなりました。

それが真《まこと》のお父様《とうさま》の性格《せいかく》なのです。

第《だい》六章《しょう》

最後《さいご》までやり抜《ぬ》く根性《こんじょう》

40 世界《せかい》を動《うご》かす生活背景《せいかつはいけい》

今《いま》、真《まこと》のお父様《とうさま》は、天宙平和《てんちゅうへいわ》の王《おう》、天地人真《てんちじんまこと》の父母《ふぼ》になられて、世界《せかい》のすべての問題《もんだい》を解決《かいけつ》する実力《じつりょく》と実績《じっせき》を持《も》っておられますが、そのような人物《じんぶつ》になる土台《どだい》が、少年期《しょうねんき》の生活基準《せいかつきじゅん》の中《なか》に随所《ずいしょ》に見《み》られるのです。

例《たと》えば、落《お》ち葉《ば》をかき集《あつ》める仕事《しごと》を、普通《ふつう》の人《ひと》が一時間《じかん》でするところを四十分《ぷん》で終《お》えるように研究《けんきゅう》し、やり遂《と》げてしまったのです。

さらに、男《おとこ》なのに、靴下《くつした》や服《ふく》、パンツに至《いた》るまでみな、真《まこと》のお父様《とうさま》は、子供時代《こどもじだい》に作《つく》っていたのです。

寒《さむ》くなれば、帽子《ぼうし》もさっさと作《つく》ります。

真《まこと》のお父様《とうさま》はお姉《ねえ》さんたちに編物《あみもの》をみな教《おし》えてあげたのです。

真《まこと》のお父様《とうさま》はお母《かあ》さんのポソン（足袋《たび》）も作《つく》ったのです。

それでお母《かあ》さんが感動《かんどう》して「やあやあ、ポソンの形《かたち》をどのようにしたのか。いたずら半分《はんぶん》にするのだろうと思《おも》ったのに、ぴったり合《あ》うもんだ！」と言《い》ったのです。

このような少年時代《しょうねんじだい》の生活《せいかつ》が、将来《しょうらい》の、世界《せかい》を動《うご》かす敷石《しきいし》、材料《ざいりょう》、原料《げんりょう》となっているのです。

41 三《みっ》つ以上《いじょう》の博士号取得《はかせごうしゅとく》の夢《ゆめ》を持《も》つ

真《まこと》のお父様《とうさま》は、書堂《ソダン》で儒教《じゅきょう》の『論語《ろんご》』とか『孟子《もうし》』を勉強《べんきょう》していましたが、十二歳《さい》の時《とき》には、そこで先生《せんせい》の代《か》わりにお手本《てほん》を書《か》くぐらいになっていました。

そればかりではなく、「世界《せかい》では人々《ひとびと》が飛行機《ひこうき》を飛《と》ばしているのに、孔子曰《こうしいわ》く……、孟子曰《もうしいわ》く……だけ学《まな》んでいるようでは駄目《だめ》だ」と言《い》っていたのです。

そしてその時《とき》、三《みっ》つ以上《いじょう》の博士《はかせ》の学位《がくい》を取《と》れなければ生《い》きる価値《かち》がないと命懸《いのちが》けの決意《けつい》をしていたのです。

「私《わたし》が生《い》きている間《あいだ》に、博士号《はかせごう》を三《みっ》つ以上取《いじょうと》らなければ死《し》ぬ」

○○博士《はかせ》
○○博士《はかせ》
○○博士《はかせ》

と考《かんが》えていましたが、真《まこと》のお父様《とうさま》が大人《おとな》になってみると、博士《はかせ》になるのが一番易《ばんやさ》しいことだと悟《さと》ったのです。

真《まこと》のお父様《とうさま》の頭《あたま》は天才的《てんさいてき》に良《よ》く、何《なに》をやっても世界的《せかいてき》な学者《がくしゃ》になるのに、それをもって何《なに》をするのかと考《かんが》えたのです。

そして真《まこと》のお父様《とうさま》は、人間《にんげん》として最《もっと》も困難《こんなん》な道《みち》を選《えら》び、歴史《れきし》上《じょう》、誰《だれ》もできなかったことを成《な》し遂《と》げているのです。

42 忍耐強《にんたいづよ》い性質《せいしつ》

より大《おお》きな善《ぜん》のために生《い》きるためには、自分《じぶん》を犠牲《ぎせい》にしてもそれを貫《つらぬ》く、強《つよ》い忍耐心《にんたいしん》が必要《ひつよう》です。

その精神力《せいしんりょく》を真《まこと》のお父様《とうさま》はどのように身《み》につけていったのでしょうか。

既《すで》に幼少期《ようしょうき》からその根性《こんじょう》があったのです。

例《たと》えば、幼少期《ようしょうき》によく相撲《すもう》をしていました。誰《だれ》にも負《ま》けたことがないほど強《つよ》かったのですが、一度《ど》だけ三歳年上《さいとしうえ》の者《もの》と相撲《すもう》をして負《ま》けました。

その直後《ちょくご》から六か月間《げつかん》、アカシアの木《き》を相手《あいて》に相撲《すもう》をしたので

す。

「こいつ！　私《わたし》がお前《まえ》を組《く》み伏《ふ》せるまでは御飯《ごはん》を食《た》べない！」

と言《い》いながら訓練《くんれん》したのです。

ついに六か月以内《げついない》に年上《としうえ》の者《もの》を組《く》み伏《ふ》せて勝《か》って、ようやくぐっすり休《やす》んだのです。

一《ひと》つの目標《もくひょう》を成《な》すまでは、御飯《ごはん》を食《た》べることも忘《わす》れてしまい、眠《ねむ》ることも忘《わす》れてしまったのです。

このようにアボニムは幼少期《ようしょうき》から忍耐強《にんたいづよ》い性格《せいかく》であったのです。

43 速歩訓練《そくほくんれん》

真《まこと》のお父様《とうさま》は、将来大《しょうらいおお》きな仕事《しごと》をするにふさわしい訓練《くんれん》をしていました。

その一《ひと》つが、五山普通学校《オサンふつうがっこう》に家《いえ》から歩《ある》いて通《かよ》うことでした。八キロメートルもある道《みち》のりを四十五分《ふん》という、ものすごく速《はや》い速度《そくど》で歩《ある》いたのです。

それも時間《じかん》をきっちり守《まも》っていたので、途中《とちゅう》に住《す》む子供《こども》たちは、その時《とき》家《いえ》を出《で》て、真《まこと》のお父様《とうさま》と学校《がっこう》に行《い》けば、絶対遅刻《ぜったいちこく》しないことが分《わ》かるようになりました。

でも、真《まこと》のお父様《とうさま》のあとについて行《い》くのは大変《たいへん》なことでした。

また、学校《がっこう》に行《い》く準備《じゅんび》や、試験《しけん》を受《う》ける準備《じゅんび》なども全部自分《ぜんぶじぶん》でやって五山普通学校《オサンふつうがっこう》に編入《へんにゅう》したのです。

いつも通《かよ》ったこの道《みち》には、狼《おおかみ》や虎《とら》も出《で》て、山中《さんちゅう》で誰《だれ》かが食《た》べられたという、そのような時《とき》でした。

そういう危険性《きけんせい》のある道《みち》を毎日通《まいにちかよ》ったのです。

それが、今《いま》から思《おも》い起《お》こすと訓練《くんれん》であったと真《まこと》のお父様《とうさま》はお話《はな》しされます。

そして、その時《とき》の訓練《くんれん》ゆえ、大人《おとな》になって人《ひと》と道《みち》を歩《ある》くとき、真《まこと》のお父様《とうさま》について歩《ある》くことは誰《だれ》もできないほどでした。

44 キリスト教《きょう》に改宗《かいしゅう》

真《まこと》のお父様《とうさま》が誕生《たんじょう》した時《とき》、真《まこと》のお父様《とうさま》の家庭《かてい》は代々《だいだい》、篤実《とくじつ》な儒教《じゅきょう》の家庭《かてい》でした。

しかし真《まこと》のお父様《とうさま》が十歳《さい》ぐらいの時《とき》に、家族全員《かぞくぜんいん》がキリスト教《きょう》に改宗《かいしゅう》したのです。

真《まこと》のお父様《とうさま》はその時《とき》、キリスト教《きょう》の教《おし》えに深《ふか》い感銘《かんめい》を受《う》けました。非常《ひじょう》に愛着心《あいちゃくしん》が出《で》てきて、それまで多《おお》くの人《ひと》を愛《あい》してきましたが、その愛以上《あいいじょう》の愛《あい》でイエス様《さま》を愛《あい》するようになったのです。

それから礼拝《れいはい》に参加《さんか》する生活《せいかつ》が始《はじ》まりましたが、もし礼拝時間《れいはいじかん》に遅《おく》れてしまったならば、顔《かお》を上《あ》げることができませんでした。

数日間《すうじつかん》、顔《かお》を上《あ》げて歩《ある》くこともできないほど、悔《く》い改《あらた》めていたのです。

礼拝《れいはい》に遅《おく》れて行《い》けば、多《おお》くの人々《ひとびと》が礼拝《れいはい》を捧《ささ》げるのに失礼《しつれい》ではないかという思《おも》いが強《つよ》くて、いつも礼拝《れいはい》が始《はじ》まる時間《じかん》より、早《はや》く行《い》ったのです。

そのような少年時代《しょうねんじだい》の思《おも》い出《で》が、大人《おとな》になってからも記憶《きおく》から消《き》えていないのです。

45 一日《いちにち》泣《な》き

より大《おお》きな善《ぜん》のために生《い》きる人《ひと》になるためには、心《こころ》も体《からだ》も頭《あたま》も鍛《きた》えられていなければなりません。

そこで今回《こんかい》は、真《まこと》のお父様《とうさま》の根性《こんじょう》の強《つよ》さについて紹介《しょうかい》します。

真《まこと》のお父様《とうさま》は小《ちい》さい時《とき》、泣《な》き始《はじ》めると、一時間《じかん》では終《お》わりませんでした。それで、ついたあだ名《な》が何《なに》かといえば「一日泣《いちにちな》き」でした。

村《むら》のおじいさん、おばあさんたちがみんな出《で》てきて見物《けんぶつ》し、寝《ね》ている人々《ひとびと》まで目《め》が覚《さ》めるように泣《な》いたのであり、穏《おだ》やかに「えんえん」とは泣《な》きませんでした。

大事《だいじ》が起《お》きたように泣《な》き続《つづ》け、それでのどがはれ、その後《あと》には、声《こえ》が出《で》ないほどになったのです。

それも、じっと座《すわ》って泣《な》いていたのではありませんでした。しきりに跳《と》びはねながら、傷《きず》ができ、肉《にく》が裂《さ》け、部屋《へや》が血《ち》だらけになるようにしたというのです。

これだけを見《み》ても、真《まこと》のお父様《とうさま》がどんな性格《せいかく》の方《かた》か分《わ》かるのです。

絶対《ぜったい》に譲歩《じょうほ》しないのです。骨《ほね》が折《お》れても譲歩《じょうほ》しないし、死《し》んでも譲歩《じょうほ》しないというのです。

真《まこと》のお父様《とうさま》が十代《だい》になる前《まえ》のことでした。

46 日本語《にっぽんご》をあえて勉強《べんきょう》する

真《まこと》のお父様《とうさま》は、二十五歳《さい》まで日本《にっぽん》の統治下《とうちか》で育《そだ》ちました。少年時代《しょうねんじだい》から青年時代《せいねんじだい》に移《うつ》るにしたがって、徐々《じょじょ》に世《よ》の中《なか》を知《し》るようになりました。重要《じゅうよう》な時期《じき》に国《くに》のない民《たみ》として育《そだ》ちました。真《まこと》のお父様《とうさま》はその時《とき》、相手《あいて》と戦《たたか》うためには、相手《あいて》を知《し》らなければならないと思《おも》っていました。

ところが、通《かよ》っていた五山《オサン》普通学校《ふつうがっこう》では、日本語《にっぽんご》を学《まな》ぶことができませんでした。なぜならば、その学校《がっこう》の創立者《そうりつしゃ》が日本《にっぽん》からの独立《どくりつ》のために戦《たたか》った人物《じんぶつ》だったからです。

それで真《まこと》のお父様《とうさま》は、定州《チョンジュ》普通学校《ふつうがっこう》に編入試験《へんにゅうしけん》を受《う》けて四年《ねん》

あいうえお
かきくけこ
サシスセソ
タチツテト
日本語

この時代《じだい》の責任《せきにん》者《しゃ》は、これこのような覚悟《かくご》をもたなければなりません

に入《はい》ったのです。

そして日本語《にっぽんご》を流暢《りゅうちょう》（すらすら）に話《はな》せるようになって卒業《そつぎょう》したのです。

カタカナ、ひらがなは一日《にち》でみな覚《おぼ》えてしまいました。雷《かみなり》のように一年《ねん》、二年《ねん》、三年《ねん》、四年《ねん》のすべての本《ほん》をひたすら読《よ》み、半月《はんつき》でみな覚《おぼ》えてしまったのです。

そうすると、耳《みみ》で聞《き》いても、すべて意味《いみ》が分《わ》かるようになったのです。

47 強《つよ》い真理《しんり》への探究心《たんきゅうしん》

真《まこと》のお父様《とうさま》が誕生《たんじょう》した一九二〇年《ねん》は、韓国《かんこく》が日帝《にってい》の植民地《しょくみんち》政策《せいさく》下《か》にありました。

それゆえに、真《まこと》のお父様《とうさま》は弱小民族《じゃくしょうみんぞく》の苦痛《くつう》と悲《かな》しみを痛感《つうかん》し、悲惨《ひさん》な戦争《せんそう》と罪悪《ざいあく》の世界《せかい》を救《すく》う道《みち》を求《もと》め、深刻《しんこく》に悩《なや》んでいました。

少年時代《しょうねんじだい》から「私《わたし》は誰《だれ》であるか。私《わたし》はどこから来《き》たのか。人生《じんせい》の目的《もくてき》は何《なに》か。死《し》んだのちに、私《わたし》たちの生命《せいめい》はそのまま続《つづ》くのか。

また神様《かみさま》は果《は》たして存在《そんざい》されるのか。神様《かみさま》は全能《ぜんのう》であられるのであるならば、神様《かみさま》はなぜ人類世界《じんるいせかい》の問題《もんだい》を解決《かいけつ》してくださらないのか。

私《わたし》は誰《だれ》であるのか
私《わたし》はどこから
来《き》たのか
人生《じんせい》の目的《もくてき》は
何《なに》か
死《し》んだのちは
どうなるのか
なぜこの世《よ》に
苦《くる》しみがあるのか
神様《かみさま》は
いるのか

この地球上《ちきゅうじょう》には、なぜ多《おお》くの苦痛《くつう》が存在《そんざい》するのか」と深刻《しんこく》に考《かんが》えていたのです。

自分《じぶん》の生涯《しょうがい》をかけて、未来《みらい》をかけて、断判《だんばん》する時期《じき》でした。

そしてこれが人間《にんげん》だけの決定《けってい》では駄目《だめ》だという事実《じじつ》を知《し》っていたために、「神様《かみさま》がいらっしゃるならば、神様《かみさま》のみ意《こころ》によっていかなければならない」と考《かんが》えたのです。

48 体力鍛錬《たいりょくたんれん》

人《ひと》のために生《い》きる人《ひと》は体力《たいりょく》がなければなりません。

ましてや真《まこと》のお父様《とうさま》は、地獄《じごく》のような世界《せかい》を天国《てんごく》にするために生《う》まれた方《かた》でしたから、もともと体力《たいりょく》には恵《めぐ》まれていましたが、さらに自《みずか》らを鍛《きた》えられたのです。

それゆえ真《まこと》のお父様《とうさま》は、「『お前《まえ》が健康《けんこう》でなければ、このみ旨《むね》を、この偉業《いぎょう》を完遂《かんすい》できない』という天命《てんめい》を受《う》けたその日《ひ》から、激《はげ》しい訓練《くんれん》をした人《ひと》なのです」と語《かた》っておられます。

真《まこと》のお父様《とうさま》は、してみなかったスポーツはなく、数《かぞ》えの二十二歳《さい》の時《とき》まで、夜昼《よるひる》なく体《からだ》を鍛《きた》えるために運動《うんどう》されたのです。ボク

シングもされたので、真《まこと》のお父様《とうさま》は力《ちから》があり、簡単《かんたん》な日本《にっぽん》の家《いえ》のようなものは真《まこと》のお父様《とうさま》のパンチで壊《こわ》れてしまうというのです。相撲《すもう》をしても負《ま》けないし、サッカーでも有名《ゆうめい》になりました。鉄棒《てつぼう》や、いろいろな運動《うんどう》で鍛錬《たんれん》されたのです。人《ひと》の知《し》らない運動《うんどう》もしますが、それは真《まこと》のお父様《とうさま》ご自身《じしん》が開発《かいはつ》されたものなのです。

体《からだ》の訓練《くんれん》をすると、精神的土台《せいしんてきどだい》ができて、流《なが》される人《ひと》にはならないのです。

49 言語訓練《げんごくんれん》

神様《かみさま》の摂理《せつり》は、「時《とき》」が非常《ひじょう》に大切《たいせつ》です。一瞬《いっしゅん》で天国《てんごく》と地獄《じごく》が決《き》まります。

したがって、時《とき》の時《とき》には集中《しゅうちゅう》して語《かた》り、行動《こうどう》しなければなりません。そのために真《まこと》のお父様《とうさま》はまず、言葉《ことば》を早《はや》くしゃべる訓練《くんれん》をされました。

その結果《けっか》、相手《あいて》に言《い》いたいことを一瞬《いっしゅん》のうちに浴《あ》びせることができるようになったのです。

また、膨大《ぼうだい》なみ言《ことば》を限《かぎ》られた時間内《じかんない》に伝《つた》えなければならないので、威厳《いげん》を持《も》っては話《はな》せません。それゆえに真《まこと》のお父様《とうさま》は忙《いそが》

ギャ
レ
ニゥン
キォク
フ
コ
ギョ

しい時《とき》には、たたみかけるように話《はな》されます。

それゆえに今日《こんにち》までサタンとの闘《たたか》いに、滅《ほろ》びずにやってきました。

滅《ほろ》びずに復帰摂理《ふっきせつり》を引《ひ》っ張《ぱ》ってこられたのです。

このようになるまで、どんな練習《れんしゅう》をしたかというと、六か月間《げつかん》、小《ちい》さな部屋《へや》に入《はい》って「キオク、ニウン、カ、ギャ、コ、ギョ」からすべて発音練習《はつおんれんしゅう》をやり直《なお》し、発音《はつおん》が全部《ぜんぶ》スムーズにできるように訓練《くんれん》されたのです。

それで言葉《ことば》が早《はや》くなったのです。

ソウルに来《き》てみると、早口《はやくち》のおばさんがいましたが、訓練《くんれん》してそのおばさんにも勝《か》ったのです。

50 音楽《おんがく》を愛《あい》する

真《まこと》のお父様《とうさま》は、平和世界創建《へいわせかいそうけん》の手段《しゅだん》として、芸術文化《げいじゅつぶんか》とスポーツ（特《とく》にサッカー）を用《もち》いておられます。

さらに二世《にせい》にも心情芸術《しんじょうげいじゅつ》を身《み》につけることと、スポーツ（特《とく》に武道《ぶどう》やサッカー）を推奨《すいしょう》されています。

そして、その分野《ぶんや》で誰《だれ》にも負《ま》けないように努力《どりょく》し、基準《きじゅん》を立《た》てるのが、真《まこと》のお父様《とうさま》の姿勢《しせい》なのです。

さて、青少年時代《せいしょうねんじだい》に、真《まこと》のお父様《とうさま》は音楽《おんがく》をたいへん愛《あい》されました。音楽《おんがく》が本当《ほんとう》に好《す》きだったのです。

下宿《げしゅく》をしていた家《いえ》の主人《しゅじん》が、数百枚《すうひゃくまい》のレコードを持《も》っている人《ひと》

でした。

そこで真《まこと》のお父様《とうさま》は、そのレコードの音楽《おんがく》をすべて聴《き》く作戦《さくせん》を立《た》てたのです。そして、主人《しゅじん》の奥《おく》さんの依頼事《いらいごと》を何《なん》でもかなえてあげたのです。

そうすると数日以内《すうじついない》に主人《しゅじん》の奥《おく》さんが、真《まこと》のお父様《とうさま》を娘婿《むすめむこ》にできれば良《よ》いと思《おも》うほど、ほれ込《こ》んだのです。毎日少《まいにちすこ》しずつレコードを持《も》ってきては差《さ》し替《か》えてくれたのです。

その結果《けっか》、全部《ぜんぶ》のレコードを聴《き》くようになっていったのです。

真《まこと》のお父様《とうさま》は、数日内《すうじつない》にみな聴《き》こうと決意《けつい》して二十四時間《じかん》ずっとかけて過《す》ごし、夜《よる》も聴《き》きながら寝《ね》たのです。

【著者略歴】
座間 保裕（ざま やすひろ）
1950年生まれ。金沢大学理学部数学科卒。教育正常化を目指し、私立高校に７年間奉職。現在、家庭教育局成和子女部担当、および心情文化研究所所長として小学生と父母の教育に携わる。著書は『小学生のための原理講義』『祝福家庭のための実践子育てガイドブック①②』『小学生のための真のお母さま』『霊界の総司令官・文興進様』『真のアベルとなるために』（すべて光言社刊）ほか。

ＫＩＹＯＭＩ（きよみ）
文化女子大学卒業。『ムーンワールド・小学生版』の「誌上・小学生礼拝」「天国小学校の神の子講座」、子供用教材の『韓国語１』のイラストを手掛ける。

幼少期の真のお父様
ために生きる生涯路程
定価（本体800円＋税）

2009年11月17日　初版発行

著　者：座間保裕 & ＫＩＹＯＭＩ
編　集：ムーンワールド編集部
発行所：株式会社　光言社
〒150-0042　東京都渋谷区宇田川町37-18
電話：03-3467-3105（代表）
印刷所：株式会社ユニバーサル企画

ISBN978-4-87656-154-4 C8014 ¥800E